兩位聽損兒爸爸一起攜手走過的成長路程

# 千分之三的意義

謝國樑　詹斯敦　著

# 目次

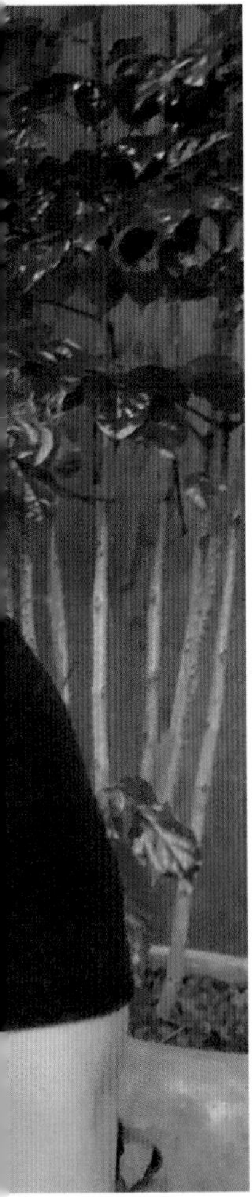

▶ 我們會成為好朋友絕對不是偶然。

# 有意義的千分之三

謝國樑

我過去曾向這一路上陪著我的夥伴詹斯敦說過：「我真的想過就在這裡結束一切。」雖然這件事情沒有發生，但是足以代表小愛從小聽不見這世界的聲音，對我來說，是多大的打擊。

## 和過去的謝國樑說再見

在小愛確診是極重度聽損之後，有一段時間很容易感覺到自己沒有什麼活下去的欲望，過去那個單身時，瀟灑、自在、將一切狀況掌握在手上的謝國樑不見了，取而代之的是一個無能為力的「小愛爸爸」。

坐車、出差時想過很多意外發生的可能，各式各樣。甚至為自己買很多保險，買到保險員都問我說：「謝先生，你還好嗎？」我身體還好，只是心裡怎麼樣，就不知道怎麼回答了。

後來心情隨著小愛的狀況漸漸上軌道好轉，但也可以感覺自己變得不一樣了。過去謝國樑有很多頭銜，立法委員、執政黨黨鞭、安永企業家獎得主等等，聽起來很威風，但大概都不會是我衷心所屬。

我現在最重要的職稱大概就是「小愛爸爸」，如果我可以把這個工作做好，陪她做許多決定、陪她到國外念書，陪她好久好久，那我就沒白活了。

人生後半段就是要給小愛的，為了她，我才有動力繼續活下去。

我三十八歲結婚、四十二歲有了小愛，這是我第一個孩子，外人不能想像我有多期待。

從懷孕到生產，我盡量抽空陪在小愛媽媽身邊，她到月子中心休養生息，我也幾乎日日報到，絕對是同時期月子中心裡的模範生爸爸。除了陪伴她以外，我們也一起學習怎麼照顧孩子，泡奶、換尿布、觀察孩子的一舉一動，每件事我都累得甘之如飴。

只要是當父母的，都會懂我的心情，孩子漂亮、可愛、聰明都是其次，最重要的是健康。健康平安的長大，對父母而言是最大的安慰。可惜事與願違，小愛很快就確診，踏上治療之路了。

台灣每年新生兒中，有千分之三~四有先天性聽力損失問題，比先天性代謝異常，如先天性甲狀腺低能症、蠶豆症等等的發生率還高，其中又有千分之一至千分之二，會被診斷為先天性雙耳重度至極重度聽損。

讓父母難為的是，在早期很難透過外表、行為觀察判斷自己的孩子是否有聽損問題。也因此台灣自民國一〇一年開始，將新生兒聽力篩檢納入健保，期望可以在第一時間篩出有聽損問題的小朋友，把握治療黃金期。我很感謝台灣的醫療體系幫助許多像我一樣的父母，讓小愛這種千分之一的兒童能夠被健保的大網篩出，讓有效的醫療資源能盡早介入。

## 因為小愛，我活得不一樣

一路走來至今三年，認識我的人都說，謝國樑徹頭徹尾的不一樣了。我知道他們的意思，因為過去的我為自己而活，現在的我為小愛而活，也為了讓小愛的生命有更多意義而活。

回首過去經歷的每件事，都讓我覺得小愛不應該是沒有意義的「千分之三」，上天讓她為我帶來徹底的改變，讓我變成一個更勇敢的人，那一定有祂的原因。

我承認，以前的謝國樑是個「自作聰明」的人。因為我太機靈、太看得懂局勢，所以很多事情我不願意做苦工、看到相對困難的事情就閃躲，現在想起來真是聰明得「過份」。這樣的個性，讓我年輕時只看得見事情的效率、目標是否能夠達成，以及對我而言可以帶來什麼幫助，卻忽略了做這些事情背後，真正能夠帶來的價值與影響力。

也因為小愛帶給我的打擊太大，相較於過去在社會、政治、商界遇見的狂風暴雨，都變得對我而言不值一提，或許你可以說，我變得更堅強了。

過去在立法院、在談判場合裡，那個砲火猛烈的謝國樑所擁有的，不過只是「外在」的剛強而已；小愛帶給我的，是一個父親才能從心底生出來的力量。那種「堅強」更近似於水，我容易因為他人所遭受的苦痛而心軟，但又能生出面對困境的堅毅。

我願意為小愛、家庭與社會的下一代做得更多，這些付出不完全是追求個人成就，而是憑藉著小愛為我帶來的改變、她重新賦予我的使命，去做更多有影響力的事情。

同時，我也盡力的想讓小愛變成一個可愛的孩子，讓她高高興興的長大，讓她快樂到可以把快樂分享給別人，讓更多的孩子獲得能量或勇氣。

上天給她的磨難，變成我與她的力量，當我們克服之後，就會產生不一樣的影響力，讓苦難變成恩典。

## 領我走出幽暗的友誼

衛斯理也是如此，詹斯敦信主，他對這件事情的感受除了影響力之外，還多了一些感激、使命與成就自我的意義。他曾說過，每個人來到這個世界上都是受苦的，但是如果你心裡有一個很強的力量在支撐你，你會在歷經苦難的過程裡理解到，那些折磨的反面都是恩典，挫折愈深、恩典愈大，只要你能克服、看懂這一切的安排，你就能夠達到更好的自己。

我買單這個說法。

此外，詹斯敦在這趟旅途中，對我而言非常重要，重要性遠超過所有人，甚至是我的妻子、小愛的媽媽。這源自於他與我的出生、背景、家庭環境與遭遇的狀況極其雷同，他對我而言是導師、兄弟、生命伴侶。

詹斯敦曾說過，他沒想過兩個過去素昧平生的人，會因為這樣的經驗而相遇，他形容這是一場「生命的故事」，兩個男人因為自己的孩子而有所改變。

如果你有信仰，你相信一切都有安排，那我必須告訴你，我與詹斯敦的相遇絕對不是偶然，而是有上天在背後巧妙的設計，這段生命的際遇有著非凡的意義。

我很難不相信這是一場安排，這不只為我帶來生命中重要的摯友詹斯敦，也改變了我的個性。他的到來對我而言，太重要、太關鍵了。

若沒有他，我無法想像這段日子該如何往下走，我希望透過這本書突顯詹斯敦領我走出幽暗的友誼有多麼珍貴，也想與所有正在閱讀本書的朋友分享，在你生命艱困的時候，心裡有依靠是很重要的，祝福所有人身邊都有一個這樣的人，能陪你一同走過陰暗幽谷。

# 試著將意外化為轉機的人生下半場

詹斯敦

當我得知衛斯理確診為雙耳極重度聽損時，即便我已經是個帶領百人團隊、手握數千萬人民幣資金的創業家，仍舊不知所措，在上海痛哭失聲。

事情發生後，我與妻子亞曼達曾一起去做基因檢測，發現我們都是基因變異的帶原者，即便我們聽力完全正常，寶寶仍舊有四分之一的機會發生聽損，而這個機率就這樣發生在衛斯理身上。

孕期中，我們做過許多昂貴的產前檢查，但卻怎麼都沒料到孩子有聽損問題，也不知道為什麼，既然有基因缺陷，產前檢查卻檢查不出來？我後來去問過許多有提供產前檢查的婦產科醫生，才知道產前檢查包括像是非侵入性胎兒染色體檢測（NIPT）、非侵入性染色體篩檢（NIPS）、非侵入性胎兒染色體基因檢測（NIFTY），或是羊膜穿刺或羊水晶片等等，這些無論是非侵入性或侵入性的檢查，都只能檢查出「相對重大基因缺陷疾病」，而不是「所有遺傳性疾病」，聽損就被排除在外。有醫生跟我說，因為聽損可以藉由手術、輔具復原部分聽力功能，大部分的醫師都會建議你生下來接受治療，既然可醫治，那就沒有放棄的理由。

「原來是可以醫治的遺傳疾病，但是為什麼我還是這麼心痛呢？」

確診後一個月，我難過到不想面對這個家庭、這個孩子，還有我接下來的人生。

## 人生轉彎，走進另一片不同的風景

慢慢的，我們四人走向醫治之路，過程中有逃避、傷心、破碎、爭執、修復到今日逐漸走上正軌。

這三年多的日子，也是我重新學習、歸納自己的一段路。有一次與一位女企業家聚餐，席間得知她有個孩子是腦性痲痺，孩子一出生，她的丈夫就提出離婚，最後兩人分開，她自己扶養孩子長大，至今已二十年。或許身為父親的他，不是不愛孩子，而是沒有學過怎麼面對瞬間降臨在自己身上的考驗。

我第一個念頭是，那位母親真的好堅強。

第二個念頭則想到自己，兒子剛出生的時候，我也有過同樣心情，心底真的好想否認這個事實，否認我的孩子是聽損、否認我要替他拿身心障礙手冊、否認他是特殊兒童。

歷經兩年多的學習，現在回想當時的情境，我個人認為這可能源自於男性角色自小接受到的教育與社會暗示，都沒有包含接納自己的弱點、在需要幫助時對外求助等等，以至於一旦遇到無法招架的壓力，就直接選擇逃避。

或許兒子的出生，就是迫使我來學會面對自己的陰暗面，接著把這些晦澀、苦痛，轉為成長的養分。

這是男性在成長過程裡的困境，社會環境將男性「訴苦」、「落淚」視為軟弱無能，我們懂得裝飾外在的堅強，但內心的苦悶卻無處排解，有時候找不到人說話、梳理煩惱，很有可能就選擇逃避。此外，相對於女性，男性朋友之間能夠隨時打個電話、痛哭一場的機會太少了，我們都太愛面子，尤其又到中年，在兄弟朋友面前掉淚，想起來就是多丟臉的一件事。

像我與謝國樑這樣的相互支持，能不用顧面子、不怕失態的關係，我相信在男性對男性的朋友圈裡，是非常少見的，但我很慶幸能有這樣一個「心靈伴侶」，可以學著卸下心防，正視自己的不足與黑暗，也透過彼此扶持的正向經驗，陪著我們的孩子長大。

## 彼此協助的正向循環

此外，也感激這些過程裡都有信仰支撐著我不致倒下，讓我重新認識自己的人生使命，在生命裡覺知更多大愛、愛人的精神。因為主的安排，讓更多人走進我的困難裡，為我禱告、給予全然的幫助，當我蒙恩走向坦途後，才有氣力為我的摯友謝國樑，在他需要的時候，給予所有我能給的能量。

這就像是一場接力賽，主安排為我所設的牧羊人來到我面前，伸出雙手接住正在墜落的我們一家人；在我能夠承擔之後，又再讓我走進謝國樑的生命，為他指引一條從迷宮裡走出的路。我們都在主的安排之下，將艱苦化為恩典、將艱途視為化妝後的祝福，並得以重生再造自己的生命。

人的盡頭是神的起頭，我們都在主的恩典裡蒙福。

第1章

# 小愛聽不見！

聽力有問題的孩子，父母很難在日常生活中發覺。
所以當別人告訴我，小愛聽不到，
我不相信啊，她會因為我說話逗而笑的，
她怎麼可能聽不到！

## 我生命中的禮物——小愛出生了

過去大家認識的我，都是從政治話題或狗仔跟拍的新聞裡看到的「謝國樑」、「年輕立委」、「電影公司董事長」，單身、多金、桃花、生活豐富多彩，我不知道你對我的印象會有哪些，但總體來說或許都不會太像是個「爸爸」的樣子，與現在真正的我，一定完全不一樣。

我很誠實地說，當我走入家庭後，我真的投入許多精力經營與學習，尤其在我得知妻子懷孕後，更是每日每秒都在期待女兒的到來。

還記得接近生產時，妻子薇薇說希望我到產房裡陪產，「當然沒問題！」那是我第一時間的回答。到產房陪著她經歷生產的磨難，看著我們的寶寶誕生，是我人生裡美好的記憶之一。

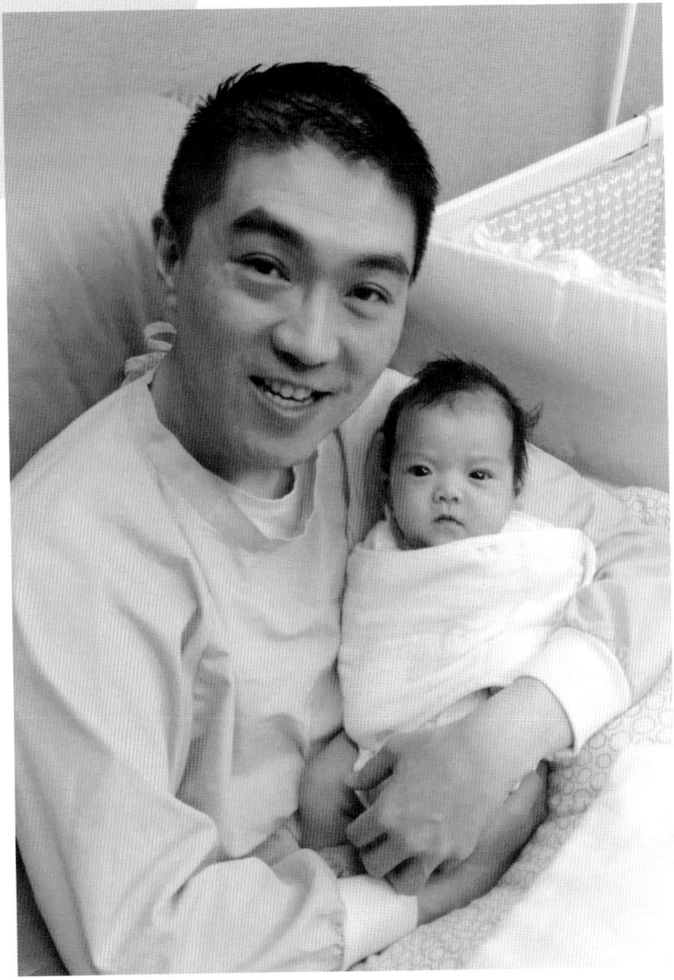

▶ 我有沒有「爸爸」的樣子？

生產很順利，她小手小腳在空中揮舞和放聲大哭的樣子、體重是三千二百四十六公克——我永遠記得這些畫面與數字。

等到確認母子均安後，我回到待產的病房內，關起門來痛哭了十分鐘，那是喜極而泣的眼淚。

產後陪著妻子到月子中心調理身體，我把大部分的時間都放在妻子與女兒身上，只要在外一忙完，就會現身報到，我敢說在那段時間裡，跟所有入住該月子中心的爸爸們相比，我投入的心力堪稱「同期的爸爸模範生」。

這樣的形容你可能覺得，這不就是一般爸爸也都做得到的事情嗎?那我就再舉個例子，讓你知道我有多投入「父親」這個身分。

生產前除了要準備各式迎接寶寶的用品家具之外，「命名」絕對是雙方家庭中的一件大事。

妻子懷孕期間，我們確實為了「提名權」經過好一番「協商」，最後協商結果出爐，我們將孩子中文名的命名權利交給我父親，我負責英文名字，小名則交給妻子。一獲得這項任務，我時不時就抽空搜尋相關取名資訊，為求慎重，我還翻開英文名字字典，從字母A開始一一看起，看一個、想一個，查查字義、想想諧音。整個取名過程是非常謹慎緩慢的，而且極為有系統、有計劃，我簡直把這件事情看做一個大專案，希望能夠找到最符合我心中標準的名字。

忘了花了多少時間，最後，我選定了Abigail（艾比蓋爾），作為孩子的英文名字。這個字源自於希伯來文，意指為「父親的掌上明珠」，最能代表她是我的喜樂、我的珍寶。我心中暗自竊喜，畢竟這是只有父親才能給女兒的禮物，而且如果我不明說，妻子一定怎麼樣都不會發現，我竟為女兒取了一個這麼有私心、這麼經過精心思考安排的名字，揣摩著這個心意，覺得自己聰明、用心得不得了。

有一天又聊起取名這件事時，我想到自己的精心設計，忍不住想要跟妻子較量一下，看看她是怎麼幫孩子取小名的。

「薇薇，寶寶的小名取好了嗎？」

「早就取好啦，就叫小愛。」

「小愛？為什麼叫小愛？」

「因為她是乘載著所有人的愛而出生的孩子呀。」

「就這樣啊？」

「是啊，不然呢？」妻子的應答再自然不過了，當時的我卻心中微惱，覺得妻子取名的思路太直線，這名字與我經過一連串機巧思考的

▶ 我們的喜樂、我們的珍寶。

▶ 她是乘載著所有人的愛而出生的孩子呀！

過程比起來，實在太輕率了，怎麼配得上我女兒呢？

但這件事已經經過事前協商，所以我也不再多說什麼，但我想透過這個命名的過程，大家應該就可以理解我對女兒的到來有多重視。

但是這個想法在女兒到來後有了強烈的反轉。

小愛出生三個月確診後，她的聽力問題就像烏雲一樣籠罩著全家，每每看著她精緻小巧的臉蛋時，都會忍不住想起她接下來要面對的艱辛與苦難。

「小愛，爸爸愛你，爸爸會一直陪著妳。」

「小愛，我們全家人都會陪著妳的。」

「小愛，妳是我們最愛最愛的女兒喔。」

家人總是會毫無保留的告訴小愛，我們有多愛她。而當我們在家裡逐漸熟悉叫她「小愛」的時候，彷彿也會傳遞給彼此一些力量。

是啊，她真的是乘載了許多人的愛而出生的孩子，或許未來會因為她的耳疾，讓更多陌生的、未曾謀面的朋友對她付出更多愛，又或是她是主派來，教我學會如何無私的去愛人、成為為人付出的天使。

謝媛詩、Abigail、小愛，不管哪個名字，代表的都是我最珍愛的女兒。

她也真的是「因愛而生」的孩子，這個小名，再完美不過。

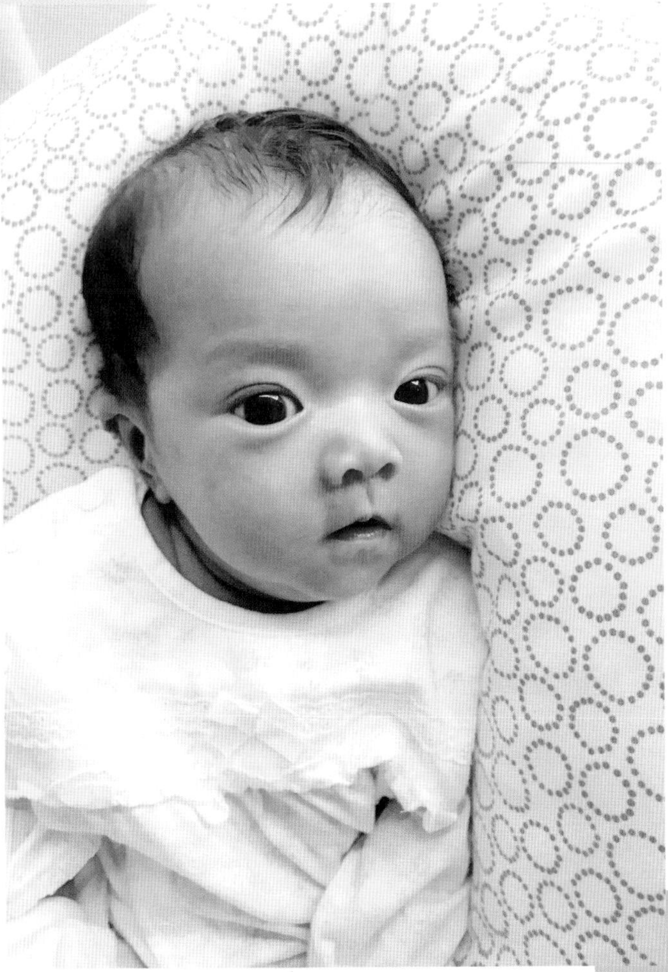

▶　謝媛詩、Abigail、小愛，不管哪個名字，代表的都是我最珍愛的女兒。

## 「聽力篩檢」沒通過？

不說可能很難相信，小愛還小時，我們做任何反應，跟小愛玩、逗她笑，甚至是假裝嚇她，她都會對你露出天使般的笑容，你以為那是她聽到你的聲音，但其實不然，孩子除了用聽覺辨別父母的情緒與互動之外，她也仰賴視覺，她用看的分辨對方的情緒與行為。

也因此聽力有問題的孩子，父母很難在日常生活中發覺。所以當別人告訴我「小愛聽不到」，我不相信啊，她會因為我說話逗而笑的，她怎麼可能聽不到！

新生兒出生後二十四小時要做聽力篩檢，小愛第一次檢查就沒有通過，那時醫生說可能是羊水塞住了，或是其他原因，總之一個月後再來看看吧。我沉浸在喜獲女兒的情緒裡，再加上既然醫生都說可能是其他原因，我也就根本沒有放在心上，沒覺得小愛會跟其他孩子不一樣。

一個月後複診，小愛媽媽打電話給我，「聽力篩檢還是沒有過」，她聽起來有點擔心，但後面又好像是想說服自己的接著解釋，「不過醫生說，這種情況也是發生過的，或許還要再做其他檢查。」現在回憶起來，那時可能大家都不願意相信是壞結果。

我當時人不在她們身邊，在電話裡聽到這個消息，過去的自信影響了我的判斷，只告訴小愛媽媽：「相信我，沒事的。」

當我這樣一個凡事都比她有經驗、日常間無時無刻都要下判斷的人，都樂觀的告訴小愛媽媽「沒事的」，她也只能說好。

▶　跟小愛玩、逗她笑，甚至是假裝嚇她，她都會對你露出天使般的笑容。

等到第三個月回診，才真的讓我面對這晴天霹靂的事實。

回診當天，我一早就出發到上海出差，沒辦法陪診，是小愛媽媽帶著她去的。我中午到飯店後接到電話，電話那頭她用顫抖的聲音跟我說：「檢查結果出來了，醫生說，小愛確定是先天性重度至極重度聽損。」

「什麼意思？我聽不懂。」一時之間我沒辦法反應過來，那時候好像是第一次體驗到「腦袋懵了」，瞬間，腦子裡一片空白，沒辦法給任何反應。

電話掛掉後，許多疑惑在我心底一閃而過，「像小愛這樣的新生兒，聽不到聲音是什麼意思？她聽不到，所以也不能說話嗎？」「這是我未來要跟小愛一起走的路嗎？」「為什麼讓我遇到這樣的事情？」「究竟是哪裡出了差錯？」

每個問題，我都沒有答案。

找不到解方，對我這樣個性的人來說是很慌的，從懂事開始，我就認為每件事情都應該要有解決方法，就像我在面對政治、商業決策時刻的思路，我總會把可能的每個變數、後果、影響都想了一遍，然後生出一個解決方案，而如今怎麼會有我無法處理、解套的事情，我真的沒遇過，而這件事卻發生在最珍貴、最疼愛的女兒身上。

一整天這件事在我腦海裡揮之不去，愈想理出頭緒愈沒有頭緒，晚上我自己在飯店裡，吃不下、睡不著，愈想愈混亂。

上網胡亂搜尋相關資訊，什麼電子耳、助聽器、聽損、復健、手語等等，國內國外的治療方法也都看了一輪，亂七八糟的盡可能想要釐清與計劃接下來的生活，畢竟，在這天之前，我完全不懂這些輔具的運作方式、手術什麼的，也沒想過日後會這麼了解。

看到最後，我從默默滴淚到仰著頭大哭，那時才知道電視裡演的那些悲痛欲絕的主角，都會把頭仰高、放聲哭喊都不是騙人的，原來，那是人到了最極致悲傷時，最原始的身體反應。

小愛，從此成了聽損兒，她的治療復健之路就要開始了。

## 午睡中的天使，未來要面對多深的寧靜？

回想確診那天，彷彿有很多上天安排的暗示要告訴我，我即將迎來一個難以置信的打擊。

當天我從台北出發前，在機場遇到一個朋友，他特地送給我自己手邊那隻抗噪功能極好的耳道式耳機，他說在飛機上休息或需要工作時，這隻耳機可以幫助我阻絕噪音。我在飛機上試了，效果真的很好，帶上後幾乎只聽得見自己的心跳聲。

而知道小愛是聽損後，我有陣子很常戴著那隻耳機，試著感受小愛一輩子都得掛著輔具的感覺，試著感受她聽別人說話時、好像都是這樣隔著一層膜一樣。

但是長時間戴著耳機真的好不舒服，耳道的疼痛感到最後有些無法忍受，只好拿掉。耳機對我而言只是娛樂產品，不喜歡隨時可以選擇不戴，然而小愛未來只有戴一輩子的這個選擇，她無法拆下、也沒有權利說喜歡或不喜歡，想到這裡，我就會掉淚。

此外，我不只是自己戴著耳機，也很常看著別人戴耳機的模樣。

當時，AirPods 藍芽耳機才剛上市，沒有線材連著手機，就一個小小、白白的耳機塞在耳道內，其實挺像助聽器，我就時常誤認。有一次在一個餐廳裡，隔壁桌的客人是一個年輕女孩，她就戴著 AirPods，我有些失禮的盯著她看，甚至藉故拿餐具、調味料的從她身邊經過幾次，反覆確認那是耳機後才放下心來。

這種行為真的是有些神經質，不過當時我想的是，會不會小愛長大就是像她一樣戴著助聽器或電子耳，然後就會有像我這樣的人，失禮的關注她的外表、她的輔具，讓她因為這種異樣的眼光感到不適呢？

起初確診時，我就是這樣整天神經兮兮、黯然失魂，陷入無計可施、無人可問，無路可走的狀態，只想陪在小愛身邊，因為我能做的，暫時也只有陪在她身邊而已。

就像是得知小愛病況後，我自上海返台的那天。從機場到家裡，真是恨不得自己會飛。

到家時她正在午睡，三個月大的她，眼睛閉著時長長的眼睫毛就這樣垂下來，她所有的一切都那麼精緻可愛。

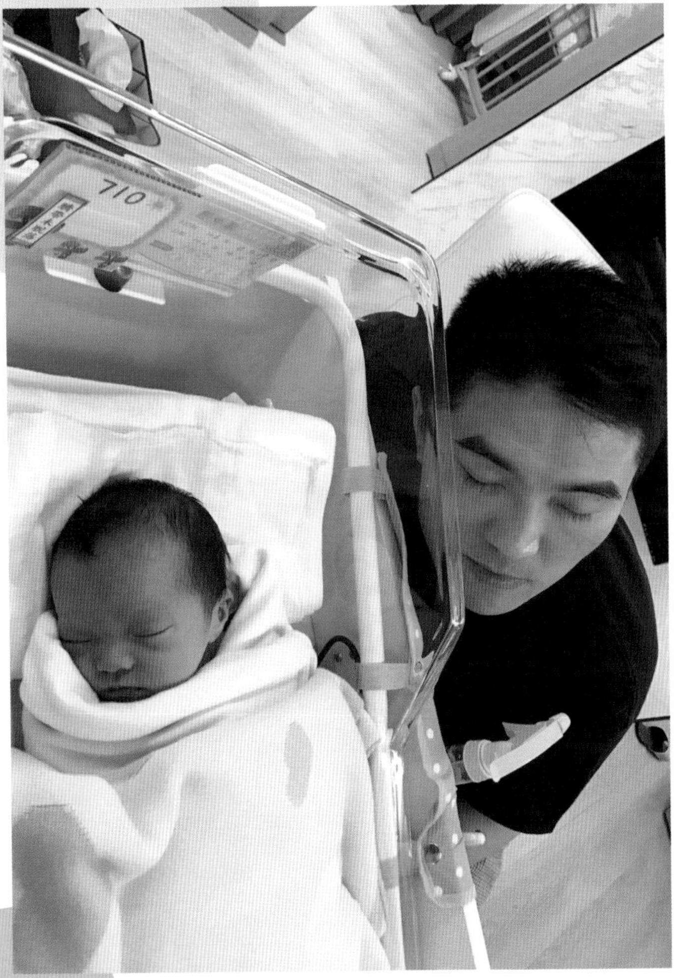

▶ 小愛所有的一切都那麼精緻可愛。

經過三天兩夜出差的我，疲倦但沒有睡意，就這樣待在她身邊看著，什麼也不做。

那天下午，只有我與她的房間很靜，沒有人來打擾。我看著她、看著她的雙耳，回想著自己「是什麼時候開始聽得到聲音的？」我完全沒印象，因為這件事從我一出生就存在了。我沒有辦法體會小愛從出生之後就被剝奪掉的能力，她聽不見大自然聲音、車流的喧囂、家人對她傾訴愛意的話語。

我就這樣看著她大概一兩個小時的時間，那時候的時間感與平常開會、趕路，或看電影的感覺截然不同，好慢、好慢，就像是沒栓緊的水龍頭，一點一滴的一樣慢慢流掉。

「好可怕！」總結當時的情緒，大概就是這三個字。

可怕的是，這段時間過得這麼安靜、這麼慢，令人感到無比寂寞。那是不是未來，假若小愛的聽力問題沒有任何改善機會，她一生都得面對這樣的情境？

那該有多漫長、多淒涼，我不太敢想像。

於是，自那天起，我便有點分離焦慮症，我打從心底害怕孩子會因為身旁沒有人陪而寂寞、孤單。小愛媽媽也說，那陣子我只要一出國就容易生氣、吵架，情緒變得不穩定，大概就是打自心底產生的不安，影響到我的表現。

也因此，後來多數出差，我都盡量安排成三天兩夜，將與孩子分開的時間縮至最短。例如第一天出發，我會希望安排在下午才飛，因為上午得先和小愛說聲早安才出門；第三天回來，則一定要買一早的飛機，這樣才有機會和小愛一同用晚餐。

現在我能做到陪伴，但能陪她多久呢？還是得趕緊幫她找到解決根本問題的治療之道，才能讓小愛接下來的人生愈來愈好。

但是到底該怎麼做、可以問誰呢？我心裡空空的，還真是一點都沒有底。

心裡要有底，得要有解決方案；沒有解決方案，那至少要有一個可以讓我看到已經解決困難的案例，讓我放心。

但是沒有，怎麼找都沒有。沒有就是沒有。

## 第2章

# 與詹斯敦相遇

聽力障礙雖然無損智力，但是會連帶影響智能發展。
因為在學習的過程裡，聽覺是接受訊息與發展認知能力的管道，如果孩子聽不見，在學習的路上就會受到侷限，也會導致抽象思考以及語文能力的發展遲緩，最終影響正常社交能力，造成學習成就與人際關係上的阻礙。
所以聽損的孩子，必須及早確診、及早治療，才不會錯過六歲以前的學習黃金期太多。

# 在迷宮裡探路，終於等到了我的領路人

說些有點臉上貼金的話。我，謝國樑，出身基隆，父執輩在地方耕耘近七十年時間，在地方小有聲望。

而我自己在大學畢業後，就創辦了一個知名的網路券商公司，之後又在麻省理工學院學成後返國；回國後以二十九歲的年齡投入公職選舉，參選立法委員拿下第一高票，以當屆最年輕立委的身分進入立法院服務。

直至今日，雖然卸下公職身分，但我也跨足影視娛樂界，做出小小的成績。這些過往經驗，讓我覺得人生堪稱幸運，無大波大浪，又總是有貴人長輩相助，或許機緣巧合、或許因為個性使然，又或者是政治商業領域的經驗，使得我的人生裡鮮有「意外」。

多數時候，我會盡量與我的工作或家庭夥伴，試圖把所有變數列出，防堵意外發生，讓事情走在軌道上、我們能控制的範圍當中。

簡單來說，我沒有遇過任何會讓我慌張到失去分寸的事情，也因為過去的人生經驗尚稱順遂，我一直以為自己能夠克服多數挫折或磨難，面對困難總是充滿自信，何況有太多人都是仰仗我做決定的，而我的決定也大部分都對，沒什麼事我不能解決、也不會有意外之外的事情發生。

小愛的耳朵對我而言是天大的意外，而且是我過去人生所有意外總合起來，都比不上的。

屋漏偏逢連夜雨，我的母親當時也因病開刀，種種因素加起來，那陣子我極其不安，常常晚上一個人在房裡掉淚。

有時會打電話給工作夥伴、醫生朋友，邊哭邊傾訴心裡的痛苦與擔憂，或尋求醫療上的專業判斷，但即便說再多的話、聽再多的建議，也無法撫平我內心的慌張，因為我清楚知道其實事情沒有其他解法，只能等待下一階段的結果出爐。

發展到小愛可以開刀、開刀後的復原狀況良好、學習效果也步上軌道之後，種種狀況穩定下來了，我總算才能勉強的站穩腳步。

即便理智上清楚知道，我只能用盡一切資源與能力，在這段時間內給小愛最好的診治，餘下的只能等，我還是靜不下心。

事情發生以來，即便醫生告訴我「小愛沒問題，只要開刀後就可以開始復健，慢慢變好」，我卻始終無法完全信任。我拚命的上網搜尋資料，搜尋的範圍從國內到國外，從一般人的治療心得到醫學期刊內容，除了想要搞清楚事情該怎麼處理之外，我還想要更進一步找到「成功」案例。

或者更正確的說，所謂「成功」，就是一個可以讓我明確知道該怎麼做，才能讓小愛未來的日子會愈來愈好、愈過愈健康的案例。

畢竟在治療過程裡有很多岔路，包括能不能開刀、找誰開刀、在哪裡開刀，開刀之後的復健過程誰能幫忙，諸如此類種種，都是身為父母必須為孩子做的抉擇。

每個抉擇都可能會影響孩子的一生，而我不知道哪條路是最好的，畢竟每一個父母都是希望為孩子做出最好的決定，何況是小愛這樣的孩子。

當年八月確診、直到十一月之前，我都像是在迷宮裡探路，那一百多天裡我找得很辛苦，卻遲遲苦尋無果。直到我在雅文基金會大門電梯口被詹斯敦（Shelton Chan）叫住，領我找到出口的人終於出現，這件事情總算有了結果。

我找到了，他就是我要找的人。

▶ 每個父母都希望為孩子做出最好的決定，何況是小愛這樣的孩子。

衛斯理爸爸的視角

## 那場相遇是出自於上帝之手的巧合

我是詹斯敦，自二〇一八年開始，每週帶著長子衛斯理到雅文兒童聽語文教基金會（以下簡稱雅文）上復健課程，遇見謝國樑的那天，衛斯理已經持續八個月在雅文上課。

雅文是一個幫助聽損兒童學習傾聽和說話的公益團體，自一九九六年成立至今，已服務全台灣及離島四千多位聽損兒童走出無聲世界。

這個民間公益單位，由喬安娜女士於一九九一年建立，她的小女兒鄭雅文在十一個月大時被診斷幾近全聾，在自身經驗影響下，喬安娜為幫助許多與雅文、衛斯理、小愛一樣的孩子，於是成立這個機構，提供許多早療課程與扶助資源，幫助孩子能夠有機會學會聽與說。

衛斯理出生時的聽力篩檢就沒有過關，跟謝國樑一樣，當時我們以為是羊水堵住了，不是那麼在意。不在意的原因有很多，包括當時根本搞不清楚嚴重性、不知道將來會有什麼問題，或者，根本不覺得這是個問題。最後結果當然不是這麼簡單。後來衛斯理被判定為極重度聽力障礙，屬於最高級。

什麼是「最高級數」的聽力障礙？你可以從基準表上的「聽閾」能力，了解這個級別的含意。

台灣聽損協會的文章是這樣形容的：「一般人正常呼吸的聲音約十分貝，講悄悄話或耳語約三十分貝，談話的聲音大約是五十分貝至六十分貝。」而極重度聽損的人，只有當聲音達一百一十分貝以上，如同飛機起飛時引擎聲量的狀況，他們才聽得見。

換言之，他的世界從出生之後就是安靜無聲的。我用手把耳朵摀住，都還聽得到嗡嗡作響的聲音。沒有聲音的、衛斯理的世界會是什麼樣子呢？我無法想像。

聽力障礙雖然無損智力，但是會連帶影響智能發展。因為在學習的過程裡，聽覺是接受訊息與發展認知能力的管道，如果孩子聽不見，在學習的路上就會受到侷限，也會導致抽象思考以及語文能力的發展遲緩，最終影響正常社交能力，造成學習成就與人際關係上的阻礙。所以聽損的孩子，必須及早確診、及早治療，才不會錯過六歲以前的學習黃金期太多。

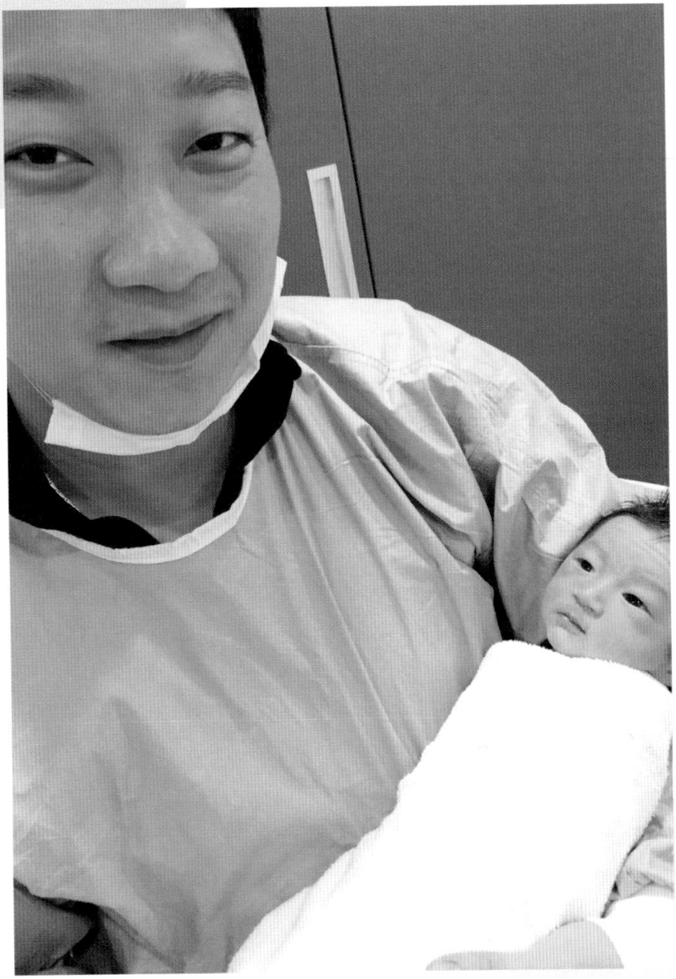

▶ 2016 年 2 月 25 日，衛斯理出生的第二天。他出生當天我在廣州出差。

簡單來說，這是場與時間賽跑的治療競賽，也因此每對父母在摸索治療的路程上一定都是焦心如焚的，因此在雅文很常看見神色鬱悶的家長。

那天我在雅文的電梯口前等衛斯理從教室裡出來，因為他上了超過半年的課程。整體進步狀況不錯，他已經可以聽得到我們說話、也逐漸開始學習說話，相較於一年前的我，我看起來顯得輕鬆不少。

廊道上只有我一個家長，我坐在沙發上，平時很少人會在那邊逗留，謝國樑事後甚至說：「我從沒看過有人坐在那裡過。」總之是個不會有人停留的地方，但就那麼剛好，那天我遲了些離開、剛好坐在那裡，剛好看見在等電梯，那個戴著帽子、口罩，頭低低的謝國樑。

我長年在國外，對台灣的政治、娛樂圈不熟，我與他在這之前也不算是朋友，充其量只是中間有許多共同友人，彼此知曉而已。但是那個當下，就是不知道為什麼，即便他包得密實、異常低調，我還是一眼認出他來，「George，你怎麼在這裡？」我叫住了他，他的眼神透露出提防，但看到他帶著小愛在基金會門口，什麼話都不用說，我就懂了。

「我是詹斯敦，我兒子衛斯理八個月前開完刀，他現在一切都很好，你要放心。」也許這句話對溺水的人而言就像浮木，我可以看見謝國樑眼裡的不安瞬間退去了一半。

## 小愛爸爸的視角

# 那場相遇是我人生中最關鍵的浮木

那陣子的我都非常的消沉，沒有人可以具體的告訴我下一步會不會變得更好，我只能跟著醫生的進度，持續上課、持續復健，以及等待小愛大一些些，再做相關檢查，最後決定是否開刀。

跟斯敦遇到的時間點，大概是在那年的十一月，小愛剛在雅文上課大概兩三個月左右，我總是神色匆匆的進出教室，下意識地不想遇到認識的人。

那天跟小愛準備離開，在等電梯的時候，聽到後頭有人喊了一聲「George」，那是我的英文名字。回頭看見一名年紀跟我相仿的男子坐在等待區，「我不認識他」是第一個念頭，「想要立刻轉身離開」則是第二個念頭，但過去的工作習慣讓我本能地停下腳步，與他簡單的打個招呼。

打招呼前，我也大概猜得到他會問「你怎麼在這裡？」、「你孩子怎麼了？」之類的問題，我不敢說我準備好了沒有，畢竟這種事，沒有人會說自己已經有勇氣可以面對。

那個人就是詹斯敦。他果然問了我為什麼在這裡，答案顯而易見，我不想回答，臉上或許帶著一絲尷尬。斯敦反應也很快，如同他說的，他很主動、熱情的告訴我，有關衛斯理的情況，看著他那麼願意分享的樣子，我的心防，瞬間便被卸去七、八成。

愈聽，得到的訊息愈正面、愈發現，這不就是我期望小愛在未來

▶　雅文基金會電梯門口前的等待區，
設施現在皆已拆除。

一年之間能順利發展的路嗎？我怎麼運氣這麼好巧遇這樣的人，主動來告訴我這些呢？

在過去這段期間，我一直都在想，身旁的親友能不能為我牽線，介紹在台灣成功開刀而聽力復原的案例，給我做參考呢？但我不敢告訴朋友、更不可能向親友求助，小愛的問題一直在我心底重重的壓著，直到那天，這個人突然就出現在我眼前，我終於找到他了。

「詹斯敦，你就是我一直在找的人，我可以留下你的聯絡方式嗎？希望有機會可以跟你見面聊一下。」

「我聽得出來謝國樑的聲音哽咽，他急迫地拿出手機，我們互換了資訊。」詹斯敦後來說：「我在他身上看見一年前的自己，我知道他說『一直在找的人』是什麼意思，他需要聽到、看到我與衛斯理走過什麼樣的路，才能得到現在這樣逐漸轉好的結果。」

「沒問題，我們再約。」

雅文電梯口前的巧遇，成為這段友誼、夥伴關係的起點，如果你相信上帝，我會告訴你，這不是巧合，而是上帝的安排。上帝從那一刻起，要我們互相扶持走過人生這段艱難卻又恩典的路。

# 親愛的孩子，謝謝你來當爸爸的小英雄

在我還沒有公開談衛斯理的狀況前，有個朋友曾向我提過，那時候他看著衛斯理，總覺得他好像被一層罩子蓋著、五識被關起來的感覺，後來才知道，原來衛斯理有這樣的狀況。

我非常了解謝國樑的擔心，回想當時，我真的是到全世界尋找最好的資源、找醫生、找設備，就是為了讓我的孩子能夠恢復「正常」。

「他是不是有可能這一輩子都必須活在自己的遮罩裡？」孩子出生前，我沒想過會有這樣的問題，或是說，不會有人預期到自己的孩子會遇到這麼大的困難，我不知道該怎麼介紹他給這個世界認識、也不知道該怎麼讓他認識這個世界。

當我知道衛斯理的狀況時，那是他出生三個月左右。

我二〇〇七年到上海長居，準備好好發展供應鏈管理與物流事業。二〇一七年我的創業正在火箭式成長階段，當時公司約有二百到三百人，第二輪創投資金將近數千萬人民幣也已經到位，我幾乎沒日沒夜地在與投資人、厲害關係人還有客戶見面，其中不乏財星五百大企業CEO，我幾乎就是活在世界潮流的浪尖上，那時的自己，真的已經準備好要大幹一場。

二〇一六年，孩子與孩子的媽亞曼達當時都在台灣，當衛斯理在台北馬偕確診時，亞曼達在電話那頭泣不成聲，甚至還要其他人攙扶她回到診間。

我手上拿著電話，眼前一片發黑，腦袋裡混亂得不得了。

「我的第二個孩子衛斯理，在今天被宣判他未來的日子，可能很難與這世界有共振。」我身為一個父親、身為一個希望給孩子全世界最美好事物的父親，得知消息的當下卻無計可施。

我穿得西裝筆挺，司機載著我準備去開下個會議，面對這些行程總是精力十足的我，此時坐在車上，腦海一片空白。車子行經上海最繁榮的地方，過去我看著這些商業活動交流熱絡的場景，身體裡的血液會熱騰起來，覺得這就是我的歸屬、我該打拚的天堂。但是，那天我只覺得手腳冰冷得不得了，窗外街景一切瞬間變得與我毫不相干。

與我正準備起飛的事業相比、與繁華喧囂處處充滿機會的上海相比、與名片上那些高人一等的頭銜相比，在那時候，沒有任何事情比衛斯理更重要。我甚至產生了「現在做的任何事情還有意義嗎？」的自我懷疑，我的人生全部亂了套。

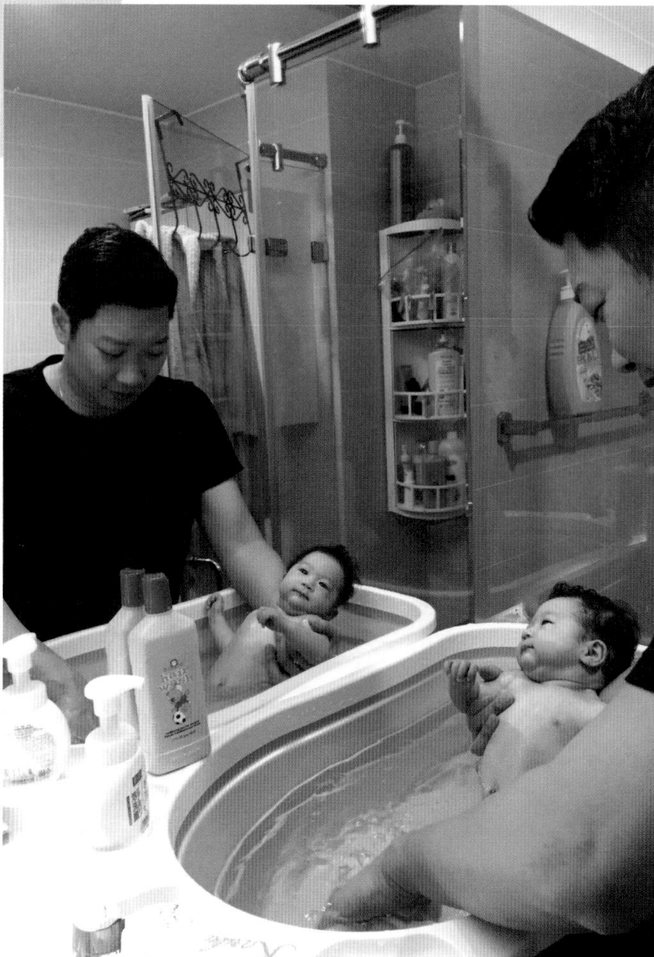

▶　衛斯理從小就喜歡聽水聲，也喜歡像魚一樣浸泡在水裡。游泳是聽損兒最適合的運動。

好不容易靜下心來，我開始著手找全世界能夠幫助衛斯理的醫療資源，包括洛杉磯的知名耳科研究機構 House Ear Institute 也是我的求助對象，最後考量整體的術後復健體系、未來電子耳的維修廠商、教育環境等等，再加上其實與其他地方相比，台北的醫療資源與量能不輸其他世界大城，於是我在一兩個禮拜內就決定搬回台灣。

與此同時，我把投資人的資金全部退回、將上海的居所全數清空，陪伴衛斯理度過眼前所有難關。在男人最重要的事業、人生、夢想之前，我先選擇孩子。

二〇一七年五月二十二日，我們一家正式搬回台北。

我也放下長駐上海供應鏈專家、野心勃勃的創業家身分，回到台灣，專心當好「衛斯理爸爸」。老實說，對男性而言，放棄正在起飛

▶　在男人最重要的事業、人生、夢想之前，我先選擇孩子。

中的事業，幾乎就是讓人放下了一部分的自尊與自信心。我雖然不覺得放棄那些事情有多麼可惜，但這確實對我的心理狀態、家庭生活與夫妻關係造成影響。

我從一個住了十年的城市，把所有的一切都搬回到一個已經逐漸變得陌生的地方。

可能會有一些人不能理解這種人生全部打掉重來、規劃趕不上變化的衝擊有多大，但是我必須說，有一個月的時間，我都活得不太真實，想要逃避、無法面對，任何念頭都曾經在腦海出現過。

對每個有身心障礙兒童的家庭成員而言，這段路都是一段自我懷疑、困頓、革命，到重生的過程。

即便衛斯理還是一樣與姊姊咿咿呀呀的笑著，哭的時候也不輸其他孩子，但一而再、再而三的檢驗，醫生都在在證明了衛斯理的狀況是多麼嚴重。

直到回台將近一個月後，我坐在床邊看著孩子，小衛斯理穿著一件灰色的包屁衣就躺在床上，衣服上寫著"Daddy's little hero"（爸爸的小小英雄），我看著看著，彷彿被這句話當頭棒喝地打醒了。

他不是我的黑暗面、不是我的負擔，他是為我的生命、信念帶來轉機的小小英雄。

我想著，像我們這樣健康地來到這個世界，面對的苦難與折磨，有時已經讓人覺得疲倦，更何況像他這樣帶著缺損的孩子，未來會遇到的困難與挑戰，將會是我的百倍、千倍。

▶　衛斯理 3 個月大時，確定極重度聽損，我邊幫他拍照邊哭著對他說：「兒子，你 一出生就與別人不同，你這一生必定充滿了故事，你是爸爸最愛的小勇士。」

他還這麼小、這麼需要保護，都必須為了更好的未來奮鬥，我想著衛斯理，他將會是個不能放棄、也不會放棄自己的孩子。他如果那麼勇敢，作為爸爸的我，有什麼資格放棄、怎麼可以退縮或想不開？

一件小衣服上的標語，讓困頓消沉的我轉念，眼前的路突然開闊了起來。在此刻，我接受了衛斯理的一切，我相信他會比我想像中的勇敢，他會是彼此人生裡美好的生命勇士，我能做的，就是一樣堅強的陪著他走過荊棘幽暗之徑。

## 確診後的奔波與手術

衛斯理確診後，我們帶著他四處求醫，二〇一七年六月到七月之間的日子是很忙碌的，每件事都得從頭開始。

我與亞曼達每天都繞著他團團轉，我們一邊尋求醫療資源，確認之後的手術與復健細節，同時也尋找在還沒能動刀的期間內，我們可以多為他做些什麼事，包括研究電子耳輔具的品牌、買些不同的有聲玩具回家，時時陪著他玩。

在求醫的過程中，我才知道耳朵聽見的聲音，其實不是真正從耳朵產生的。是聲波經過中耳耳道後，使耳中的鼓膜產生震動，再讓內耳裡的毛細胞產生訊號，然後藉由聽神經傳到腦部，最終形成了聽覺。

而聽力障礙主要有兩種肇因，分別是傳導性聽力受損及感覺性聽力受損。傳導性聽力受損，起因於中耳或耳道在傳遞聲音時產生問題，以至於聲音傳導功能不足，這可以透過手術、助聽器輔具或藥物加以改善。感覺性聽力受損，則有可能是因為內耳、聽神經或腦部神經受損導致，多數可以利用助聽器改善，少部分較嚴重者，則需要透過開刀、植入人工電子耳，才有機會大幅改善聽力。

由於衛斯理屬於後者，狀況又是極重度聽損，因此我們很早就知道必須動人工電子耳的微創手術，但因為他還太小，我們決定等到他約一歲、大部分狀況都穩定之後，才在台北的振興醫院由陳光超醫師主刀。

陳光超醫師過去專攻頭頸癌症治療，但在二〇〇四年振興醫院成立聽覺醫學中心後，他就到澳洲進修電子耳植入手術，回台後投入相關領域治療。

如果不是親眼所見，你也不會相信在台灣做這種手術，只需要在患者耳後處切開約三公分的傷口，就可以植入連結耳朵神經的接受器。而術後只需要留院觀察一天，將接收器打開，確定「開頻」後接收外界聲音無虞、傷口沒有發炎，就可以出院返家。

相較於我在美國向專業醫院詢問該項手術的規劃時，對方回覆光是動刀後就必須留院觀察兩週，開頻速度也不會這麼快，整體時程比陳光超醫師領軍的團隊要慢得多。

這不是說誰的速度快就技術高超，而是台灣的醫療水準可以做到這個程度，真的令我非常佩服。所以在我遇到謝國樑後，向他大讚台灣的醫療資源與技術是全球頂尖，絕對其來有自。

回到三年前，我永遠不會忘記衛斯理在他生日前一晚、二月二十一日辦理好住院手續，隔日二十二號，就要面對這場一隻耳朵約五小時、兩隻耳朵將近十個小時的電子耳植入手術。其實如果是我要動手術，我一點也不怕，但那是我的孩子，怎麼想都捨不得。前一天，我在醫院陪著他辦理住院手續的時候，衛斯理還笑著鬧著，以為是要出門去玩，什麼也不知道。

我相信手術會成功，但我也想過，如果他真的得面臨失敗，那我也做好未來需要一起去學手語、找相關教育資源，他這一生都必須靠手語與他人溝通的心理準備。我向主禱告，希望一切順利，我們都不願意再一次碰上任何改變生活的危機。

晚間十一點，護理師來幫他注射點滴，孩子太小，護理師可能也技術不夠純熟，幾次都找不到血管，衛斯理痛得大叫、哭了出來，我現在想起來還會有點心疼。

在醫院那晚沒人是好睡的，何況早上六點半就會有護理師進來安排手術的前置作業，前一天入院前還活蹦亂跳的衛斯理，這時候好像就感知到「事情不太對勁」而變得相對安靜，有些害怕的樣子。

他是當天的第一台刀，八點就進了手術室。原本以為是幾個小時就會出來的手術，一路到下午四點，他的名字都還顯示著「手術中」，不胡思亂想是不可能的。

我以及我的父母親全程在手術室外等待，直到晚間七點，護理師才從恢復室將他推出來，一歲的他躺在病床上，身軀看起來更小、更脆弱，紗布與繃帶纏著他的頭，從耳朵到額頭沒有一處是露出來的，前前後後，他花了十四個小時才完成這場手術。

原來，進到手術室，醫師才發現衛斯理耳朵裡有積水，有中耳炎的跡象。但要開電子耳的手術，孩子是不能有中耳炎的，否則會影響機器運作，因此醫師多花了近五個小時，幫他清理耳朵內的積水與發炎狀況，才接續將接收器植入的手術。

上帝保佑，手術順利，孩子一切都好。

只是晚上回到病房內，他麻醉還沒退完，鬧脾氣地含淚看著我，我們有記得帶他最喜歡的車車玩具到病房哄他開心，那時雖然心疼，但已經抱著「明天一切都是美好的，主會讓衛斯理的路愈走愈平坦」的心情，看著他邊哭邊玩、又鬧又笑的樣子，心情既沉重又輕鬆。

手術隔天就是他的生日，一早七點護理師就來確認他耳後的傷口，這麼大的手術，傷口就只有細細一條開口，用類似美容膠的東西貼著，

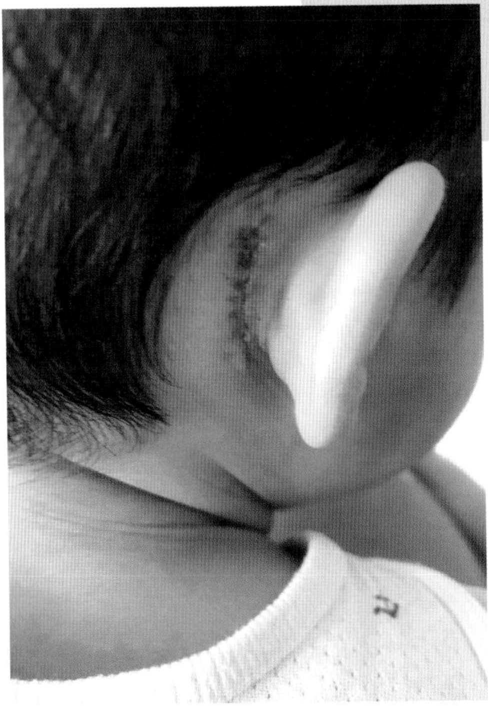

▶　衛斯理手術後的傷口，植入體從這裡安裝進去。

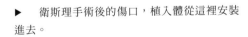

感謝主的保佑，傷口復原狀況一切穩定良好。

約莫十點，聽覺中心的護理師與聽力師就來協助衛斯理開頻。

開頻的意思是指，將掛在耳外的處理器打開，讓電子耳開始正式作業，使得患者能夠聽到外界聲音。只要開頻成功，後續再經由聽力師協助調整植入電極的電流圖，只要一切趨於穩定後搭配復健，患者日後就可以穩定的發展聽力與語言能力。這個過程就像是推開衛斯理世界裡的一扇大門，我們要把城市裡的喧鬧、自然界的蟲鳴鳥叫，還有父母家人想要親口告訴他的愛，透過電子耳送進他的心裡。

我錄下了衛斯理開頻後、第一次聽到聲音的那個瞬間，開頻後不過幾十秒，衛斯理的表情從疑惑到驚慌，然後放聲大哭地鑽進保母的懷裡。醫師解釋，多數人利用電子耳聽到的聲音，無論是清晰度、音

▶　第一次手術後。

量等等，都會與助聽器完全不同，孩子尤其會對這樣陌生又突如其來的刺激，感到驚慌失措。

影片不過短短一分鐘，這段路我們與他卻走了整整一年。衛斯理努力跑著、追著，在這一刻，總算與這個紛雜又吵鬧的世界真正連上線。如果你們也能看到這個影片，我想你也會像我當時一樣為此感動落淚。

我們可以回家過生日了，衛斯理將會聽見每個家人為他唱的生日快樂歌，還有什麼比這更好的生日禮物呢？

寫到這裡，我不得不介紹我的父親詹秀穎，他曾經在風雨飄搖中一肩扛起國家賦予的重任而毫無怨言，從他的言行中，在國外長大的我似乎也明白了「在漢蘇武節」的故事。也因為秉承了父親的性格，

▶　2010 年 7 月 7 日索羅門群島國慶典禮，卡布依總督頒贈索羅門十字勳章給時任駐索國大使的我父親，以表彰其對促進台索邦交的卓越貢獻。

我才能坦然面對衛斯理的聽損。我感謝父親遺傳給我的力量。

父親一生為國劬勞，飽受風霜，卻能夠屹立不搖，一方面也得力於我的母親。母親一生跟隨父親走過大半個地球，見過繁華似錦的紐約、冰天雪地的莫斯科，也經歷了南太平洋蠻荒的國度。她原是生長於中部的純情女子，沒想到婚後竟一頭栽進父親詭譎多變的外交生涯中，堅毅的她咬緊牙關幫助父親贏得了異國的友誼，也展現了內斂隱忍的美德！

母親的賢淑和教導影響我妹妹南茜最深，雖然遠嫁美國，但她侍奉公婆克盡孝道，對身在台灣的父母也是時刻問安，關懷備至，對我這個狀況層出不窮的哥哥更是叮嚀不斷。這些親情都是促使我勇於面對艱困的動力。

第3章

# 面臨手術的日子

電子耳手術可以使聽損者終身受惠，只要儀器不出差錯，聽損者就可以接收到外界的聲音，從而開啟學習聽、說之路。

據我所知，多數孩子只要接受適當的聽覺口語訓練，語言能力都可以恢復八成以上，聽、說、讀與認知能力都會與常人無異，讓他們可以免於因為耳力聽損而造成的身心傷害。

當我的世界被按下暫停鍵

確診後到認識詹斯敦之前的日子，大概是二〇一七年的八到十一月，我過得非常慘，用「行屍走肉」形容那時的我，一點也不為過。

我對於工作業務的熱情與能力瞬間停滯，沒有上班的欲望，也沒有做事的動力，這對我而言，是出社會以來第一遭。

我從二十一歲左右在證券公司工作，負責規劃網路下單業務，那是二十年前的事了，網路下單在當時算是非常新奇的事情。

二十幾歲小夥子什麼都不懂、都是第一次做，在家族企業裡創業，既新鮮也頗有壓力。或許初生之犢不怕虎，那時我好喜歡上班，每天起床最開心的事就是打理好自己往公司去，一天工作十二小時都不覺得累。沒做些成績出來，我渾身不對勁，喜歡生意、喜歡奮鬥的狀態，從我二十歲開始至今，長年未變，因為我們家族裡就是流淌著商業的血液。

但是，這種每天充飽電的狀態，在小愛確診後、前途未明的那三個月裡，幾乎歸零。

每天早上睜開眼，躺在床上都不太確定自己今天要做些什麼事，那時的我投身文創產業，與夥伴一起拍電影，許多時候都有事情等著我決定、判斷，但我得坦白說，我人在辦公室裡但心不在，對公事也都淡淡地，沒什麼特別的見解、更別說衝勁。

要我形容當時的自己，就像是坐在一輛車裡，車窗的玻璃隔音奇佳，以致窗外的世界彷彿都被調了靜音，我們雖然在同一個時空裡，不過窗外的人在做什麼、說些什麼話，我都接收不到，也不甚在意，畢竟這些人的存在與小愛比起來，一點都不重要。

就是這麼頹靡，直到那天我在雅文基金會門口遇到詹斯敦，覺得自己彷彿找到了一根浮木。

我很快的跟他約碰面的時間，畢竟心裡有太多問題想問，我希望他可以說出我想要得到的答案。

第一次見面的前一天晚上，我想了很多、做了許多沙盤推演，「他會怎麼跟我說？」「在美國還是在台灣開刀？」「真的會變得更好嗎？」「如果沒辦法讓小愛恢復了，那怎麼辦？」種種問題在我心裡盤旋不去，我知道這是一種沒有安全感的表現。

見面時，我們相約在一間咖啡館，我找了個很角落的位置，倒不是因為我小有知名度，而是因為我只要一談到小愛的問題，就會哭得淅瀝嘩啦，站在一個可以讓我安心好好討論的角度，我想找個角落，至少把我自己保護好，別讓外界看到我這副模樣。

斯敦出現的時候，看起來自信十足、從容不迫。我看到他的樣子，一時之間，懸在半空的心都放了下來，「一年多以後，我也可以用這樣的心境跟從容的態度，去面對這個問題吧？」那是我當時的自問。是的，我將當時的斯敦投射成一年多以後的自己，因為衛斯理的好，讓斯敦安心；換言之，小愛的好，也可以讓我這麼安心。這個念頭，讓當時的我得到難以言喻的安慰。

他不只讓我在心境上變得穩定，在醫療建議上也是我相當好的諮詢對象，包括從三個電子耳主要廠牌的差異、在美國跟台灣開刀的優劣分析，到不同復健單位的學習與教學資源等等。感覺他好像偷看過我心裡所準備的那張問題清單一樣，每個我想問的問題，他都可以流暢而且充分地回答，對於一切事務瞭若指掌、充滿信心。他幾乎就是我的維基百科，為我量身打造的疑難雜症解答機。

因為我信任他為衛斯理做的決定，可以讓孩子變得更好、讓自己走回正軌。我希望我可以變成他，而小愛可以有一天變成衛斯理。

後來幾次，我們還有相約，詹斯敦甚至乾脆邀請我到他家用餐，他說他想讓我看看衛斯理的現況，還有他們家的日常生活，「衛斯理就像一般的孩子，我們也是一般的家庭」，所見即所得，透過雙眼，為我自己建立一點當時最缺乏的信心。

那個下午我帶著全家赴約，當然包括小愛。回想那次見面，用詹

▶　謝國樑在 2017 年的最後一天帶家人來看我們，了解衛斯理帶電子耳的生活狀態。

斯敦的話來形容，那時的謝國樑眼裡容不下其他。小愛在沙發上睡著的時候，我看著她；小愛用餐時，我看著她；小愛在與其他人嘻笑玩樂的時候，我看著她。

她是我們第一個孩子，我與小愛媽媽以小愛為這個世界的中心，繞著她轉，只希望給她最多的愛與保護。

據了解，先天性聽損的發生率約千分之三，以台灣每年十八萬名新生兒來計算，一年約有五百四十位新生兒會有相關問題。而其中，又僅有三分之一、約一百八十位為雙耳重度聽損，由於這些孩子耳蝸內的接收聽覺刺激的毛細胞，沒有辦法回應或發出訊號讓大腦產生聽覺，即為前述（頁78）的「感覺性聽力受損」，衛斯理與小愛皆屬於此類，而且是狀況較嚴重的。

由於出錯的地方是細胞與神經，因此這類型的重度聽損者，即便利用能放大聲音的助聽器，也沒有作用，只能仰賴植入電子耳手術，讓「聽聽」取代受損的耳蝸，執行聲音分析的工作，直接刺激毛細胞與聽覺神經發出訊號，讓大腦「聽」得到外界的聲音。

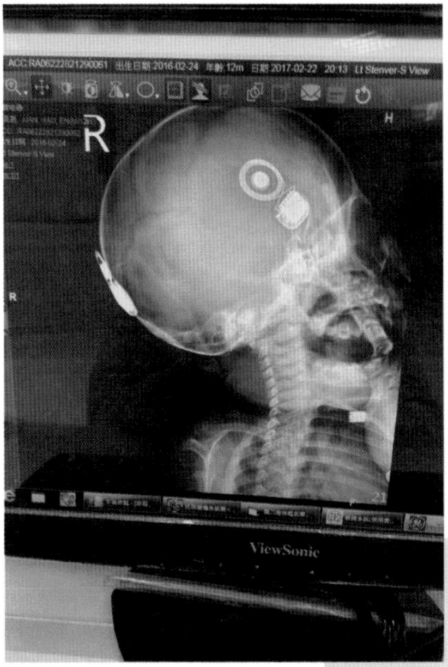


▶ 「聽聽」在大腦內的位置。

電子耳手術可以使聽損者終身受惠，只要儀器不出差錯，聽損者就可以接收到外界的聲音，從而開啟學習聽、說之路。據我所知，多數孩子只要接受適當的聽覺口語訓練，語言能力都可以恢復八成以上，聽、說、讀與認知能力都會與常人無異，讓他們可以免於因為聽損而造成的身心傷害。

詹斯敦給我們看衛斯理的人工電子耳，聽損朋友們給它取了一個可愛的暱稱，叫「聽聽」。

聽聽是一個外表全黑、直徑約三公分，像圓形幽浮狀的儀器，通常是植入聽損者耳朵斜上方的頭皮下方，連接電線進入耳蝸刺激聽神經，下方則連結另一個類似助聽器的掛耳，置於外耳道上，兩者合一使患者產生聽覺。

既然需要植入，意味著就是必須手術，試想一個孩子才一歲大，便需要動與腦部有關的手術，一般人都會怕了，更何況是自己的兒女？

我們去看衛斯理的時候，他已經裝上電子耳約一年時間，我非常小心的摸他的電子耳，從旁觀察他的一切。衛斯理是個很帥的孩子，幾乎是個縮小版的王力宏，他燦爛的笑著、應答都與常人無異。

我看著他們一家人，不禁想著「跟著他走，應該就不會錯了」，或許就在當時，在我心底種下了斯敦就是理想目標的種子。不管怎麼樣，前人走過的、會通的路，一定不會錯，我真的相信小愛可以跟衛斯理一樣，那麼健康、快樂，喜歡聽人說話，也喜歡說話。小愛的未來，從此露出一線曙光。

爸爸有個天馬行空的幻想，等著……

我手機裡有好多小愛的照片或影片，其中有一段，每次看每次都令我感到揪心。

二〇一七年七月二十五日，那是小愛確診後四天，她在家裡的床上睡得很沉的錄影。

她眼睛閉著、睫毛長長，一切都那麼精緻可愛，那時我們每個人都對未來充滿期待，誰想過未來幾個月，我就要替這個孩子做好許多人生重大的決定，簽下一張張手術同意書，她什麼都不知道卻要受盡大人從未受過的折磨。

在這樣的情境下，偶爾也有一些時刻特別黑暗，黑暗到連斯敦的安慰都使不上力。那是要到美國諮詢治療機會的前夕，當時一切幾乎都還是未知數，小愛的未來、開刀與否、狀況如何……，什麼都還不明朗。

有一個晚上，我哭著打給斯敦，哭著說這條路好辛苦，過去他也是這樣走過的嗎？他怎麼可以這麼正面、這麼有勇氣，我好像已經撐不下去了，「如果可以現在結束的話，我會認真考慮的，這一切真的真的好難、好累。」

過去我會相信他給我的安慰，但是那天不行，我完全陷入自己的陰暗裡。我一直哭、一直哭，直到入睡。我得告訴所有正在面臨巨大苦痛的朋友們，如果可以的話，放任自己哭一場吧，別讓自己硬撐著，哭可以暫時解除你所有的擔憂、暫時讓你得到一點解脫。或許隔天起來，你會好些，然後讓你自己有勇氣跟力氣，再繼續面對下一個、下下一個考驗，直到黎明曙光來臨之前。

如果有多一些好運，請找個你敢打給他、敢在電話裡毫無顧忌痛哭失聲的朋友陪你，即便在你最黑暗的時候，他們可能也無法幫你療傷、解除不了你當下的苦痛。但是你會知道，當你需要、你抬起頭時，他會在你身邊拍拍你的肩、適時的遞上衛生紙，就這樣靜靜地陪你，直到你好些為止。

斯敦給我的安慰即是如此，他經歷過我正在經歷的一切、他帶著我走過他走過的路程，這種友情非常少見、極為可貴，我很感謝我的家人、醫生，陪著我走過這一段路。但是沒有人能代替斯敦，這段刻苦銘心的過程充滿泥濘，只有他的這雙手才能扶著我走過。再多言語的感激也無法完全表達我的心情，真心謝謝我最真摯的好友。

▶ 請找個可以陪你走過荊棘路途的朋友。

之後，我們便全家赴美尋找醫療建議，最後仍舊遵循詹斯敦的建議，回到台灣為小愛執行手術。

確定在台灣開刀後，中間仍有些糾結，主要原因在於她左耳的聽力狀況，在聽性腦幹反應（Conventional ABR）的檢測結果裡，顯示為九十到九十五分貝，屬於重度聽力損失，不過配戴上助聽器就會有所改善，至少家裡的人叫她，她是聽得見、也會有反應的。

在台灣、美國兩地評估的時候，都有醫生建議兩耳皆開、植入電子耳的手術，也有認為只需要動右耳，左耳保留以助聽器輔助即可。

再加上，戴上助聽器後，小愛也做過行為聽力檢查，檢查人員會發出一些聲響，請小愛聽到後必須舉手，判斷她的聽力實際改善多少。但是就我自己從旁觀察，小愛是個很懂得觀察環境的人，當她搞懂遊戲規則後，她其實非常積極地想給出正確答案，藉以證明「我聽得見」。

但是，究竟是小愛聰明的在測驗中，成功「爭取」了比自己真實聽力更高的分數，還是她左耳確實仍有一些聽覺，我們其實不得而知。不過，即便現在是好的而選擇不動刀，未來也有可能要動手術，原因是，聽力是會逐漸退步的，若長大後小愛的聽力又再有任何問題，那這些年堅持讓她不開刀，反而是拖累她的學習進度。

仰賴輔具可以讓她留下原本耳朵的自然聽力，但聽得模糊；植入電子耳可以聽得清楚，但她極有可能未來對這個世界的認識，都只能仰賴頻率較單一的電子耳了。

畢竟，據說電子耳的音頻只有十幾種，但我們用正常的聽力卻可以聽得到一萬多種音頻，因此我想讓小愛至少有一隻耳朵能夠聽到自然的聲音，即便不太清楚，至少還能知道這個世界上有如此美妙、多元的聲音。

「我要不要讓孩子雙耳的聽力都恢復到接近正常標準呢？又或是，我應該聽從醫師建議，只動一耳的手術就好？」成為我當時最糾結的決策。最後我仍然決定只動一耳手術，另一耳則以助聽器輔助。

追根究柢，那其實是我心底還保有一個幻想，幻想未來的醫學技術能夠透過其他方法修復小愛的聽力，有機會讓她能夠用自己的雙耳，聽到我也聽得到的聲音。

確定了手術的形式，接著得訂下手術時間。由於家中習俗，我們有請民間的老師幫小愛看定手術的日子，從確定要開刀到手術當日，差不多要等半年左右。不過在好好的訂下這個時間後，我的心也安穩多了，不再那麼擔心害怕。

## 謝謝麗嬰房，讓小愛當一回最可愛的小模特

在知道她是聽損兒之後，我有點猶豫是否要繼續把孩子的生活放在社群媒體上。除了我是公眾人物，身邊一切難免被人放大檢視，孩子的外表、行為容易被拿來討論，有時候無心之論會對孩子造成多大的傷害，我真的無從得知。因此小愛愈長愈懂事之後，我害怕她被人欺負的心情就愈來愈沉重。

我想得到能保護她的方法是，考慮許久，我決定繼續把小愛的生活分享展現給所有的朋友知道，但是不刻意隱藏、也不公開說明小愛的情況。

在照片裡我不藏匿輔具的存在，但也不特別解釋，這樣的做法確

實會有少數的人問我：「小愛頭上的東西是什麼？」但是更多人注意到的是她的聰慧、迷人與機靈。

你可以說我是有心機的經營、轉移大家的注意力，不讓大家在第一時間有機會對她貼上標籤，藉由她好的、活潑的那一面，獲得大家不帶異樣眼光的關注，讓大家慢慢忽略掉她與其他孩子不一樣的地方，她不是一個聽損兒童，而是一個可愛的孩子。

此外，我不知道是不是所有的父母都會這樣，即便婚前生活再多采多姿，只要孩子一出生，眼裡、心裡，整個世界都只剩下自己的孩子。就像我變成爸爸之後，便成了十足的「女兒控」。

我真的好想把小愛每一刻的模樣記錄下來，分享給所有人知道，她是我的 Abilgile，是我這個父親的喜悅與驕傲。

周遭朋友被我「強迫矖兒」，看起來大家也都被「矖得心甘情願」，不是我自誇，小愛長得好精緻，而且她的表情變化太多了，不只身邊的人被她逗得很樂，陌生的叔叔阿姨也說看她的照片都不會膩。

也因此，大概在她四、五個月左右，我一個前公司同事、當時正在麗嬰房任職，便向我提出邀約，「可否請小愛一起來拍麗嬰房的夏季衣服型錄呢？」

「可以穿上漂亮的衣服、有專業的攝影師，把小愛這麼可愛的一面留下來，怎麼會拒絕呢？」我那時是這樣想的。但一瞬間又想起，可是小愛戴了助聽器，我有在任何一本兒童衣服型錄上，看過小模特是戴著助聽器拍照的嗎?肯定是沒有的，想著就又心酸。

我不想讓大家知道她的狀況，也絕不可能讓她帶著助聽器拍照，

▶　拍照時，把應該整日配戴的助聽器暫時拿下來。

思來想去，怎麼樣都是讓人徒增困擾。我想了一陣子，最後決定在拍攝當天，把應該整日配戴的助聽器暫時拿下來，讓小愛當一回模特，我真的好想留下這個回憶，就當是一個私心吧。

日期一到，我、媽媽與小愛一家人一起到了現場，看著現場清一色八個小朋友，個個是外國臉孔，只有她一個亞洲小孩。拍攝團隊非常專業，時程也很緊湊，小愛連換三套衣服，拍攝時間前後不到一個小時，但她從沒哭過，再加上小愛很懂得觀察外界動態，很容易跟著大人的導引給出反應，再又不太怕生的性格，被攝影團隊讚譽有加。那時看著她穿著粉紅色洋裝、戴著小帽子對著鏡頭笑的樣子，我想無論誰都會融化吧。

照片收到了，對我們一家人而言都是最美好的回憶，直至今日我拿出來看依舊會不自覺的微笑，很感激朋友與品牌願意給小愛這樣的

▶　看著她對著鏡頭笑的樣子，我想無論誰都會融化吧。

機會，也謝謝小愛當天這麼配合。

當然，事後我有再向朋友解釋小愛的情況，當天並沒有影響到拍攝，自然也得到了朋友的諒解。

就這樣，一路不隱藏但也不公開說明的度過了兩年多，在小愛後來的情況漸漸穩定後，我也就愈來愈不擔心公開之後，會有什麼議論言語、霸凌的情況產生了。

二〇一九年八月的某個晚上，有點失眠，我正式的在臉書上說明小愛的狀況。發現這樣的方法似乎真的奏效了，陌生朋友看到我的文字裡大致解釋小愛的狀況，多數人對小愛產生的情緒是憐惜、疼愛，而不是同情、可憐等等「特殊觀感」，或直指她是個有缺陷的孩子，反而會正面表示，「小愛是天使」、「小愛真的好棒」等等鼓勵的言語。

或許旁人無法理解，但是無論是熟悉或陌生的朋友，簡單的打氣文字對我們這種內心有苦楚的人而言，都是非常、非常溫暖的。我無法一一言謝，但都放在心底了，謝謝你們。

確認動刀後，我們找了民間老師為孩子看個好日子，讓孩子在一歲兩個月左右進行手術。中間約莫隔兩三個月的時間，大部分的事情都塵埃底定，家裡的氣氛和緩下來，在等待手術之前，小愛便開始到雅文上課。

根據老師的說法，我們第一天到那邊的時候，就是一對茫然不知所措的父母，臉上黯淡無光。

雅文給予我們很多很多幫助，從醫療上的專業意見到早療課程的安排，從刺激感知能力、聽覺，到現在引導講話技巧與正確發音，都多虧雅文的教育鏈完善，才能讓小愛有如此大的進步。

這三年多陪小愛去雅文上課還有些趣事，現在回想起來都想笑。

課程剛開始的時候，我的焦慮與積極可能雅文每個老師都感受得到。一堂課多長時間，我呢，就坐在教室裡多久，眼睛盯著她看，當下我發揮不了什麼功能，但這對我來說比什麼事都還重要，因為它可以讓我很細微的觀察小愛，更可以讓我在每個需要的時刻裡，包括從尋找醫療資源、輔具到課程設計，與雅文的老師討論，下一步該如何具體的幫助小愛更進步。

但是小愛也不是「省油的燈」，小女孩觀察力一流，全世界最疼她的爸爸坐在課堂裡，上課累了或是沒興趣，總之只要不想上課，她唉個兩下、轉頭用水汪汪的眼睛看著老爸我本人，我的手就不受控的伸出來，喉嚨也好像自動化上線一樣，會喊出「小愛累了，來爸爸這裡休息一下」。

我知道不行啊，怎麼可以讓自己成為耽誤她上課的絆腳石啊？但當過父母的應該都知道，孩子用可憐兮兮的眼神看著你時，你的心一定就會這樣軟下來，言行就無法控制了。

次數多個一兩次，老師眼裡透露的無奈我也知道。後來學聰明了，每當小愛開始有些露出疲態，我就會藉機拿起電話、假裝有事要忙到教室外，讓小愛沒辦法一回頭就有「避風港」在等著她。

老師也發現我想到方法，把自己這個「學習障礙」給處理掉，下課後也會告訴我小愛的學習狀況，漸漸地，角色慢慢轉換，我就扮演好自己「問題解決者」的角色，媽媽就是主要陪伴者，帶著她學習玩樂，兩人相輔相成。

但是爸爸也不總是個「學習障礙」，需要我出手的地方，我一定也

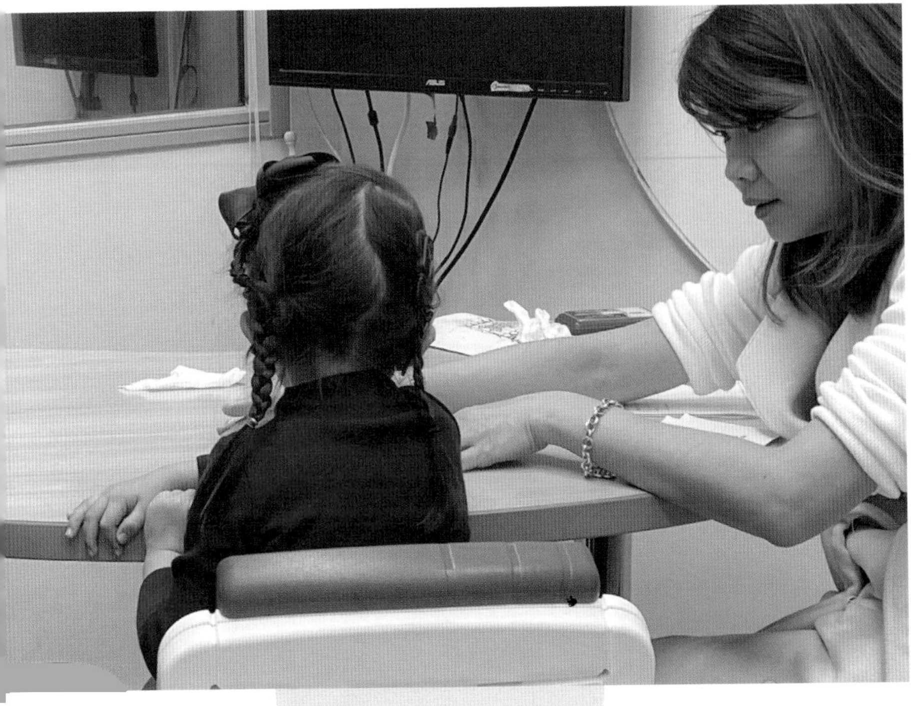

▶ 小愛聰慧又有主見，得讓她先喜歡上某件事物後，才能讓她從中學習到東西。

有可以「發揮功能」的表現。

當小愛到雅文上課表現日漸進步的時候，確實讓我放心不少，但聽力與語言發音練習卻始終有不甚完美的地方，畢竟「發音」對聽損的孩子來說是一輩子的功課，尤其中文發音常有嘴型相似、發音卻天南地北的字眼，這些發音問題對小愛而言就是考驗。

我了解女兒的個性，她不喜歡被要求，再加上孩子對於挫敗的接受度很低，當小愛有某個發音被反覆糾正，老師或媽媽都會要求重新發音的時候，這種半強迫的課後練習，會讓她的心情陷入低潮，甚至乾脆就減少發那個音的機會。

例如「du」這個音就是她某一個時期的「夢魘」。可能嘟嘴對孩子來說，還是個不懂得用力的嘴型，舌頭如果不用力頂住牙齒，也可能發成「嗚」的音，duduwowo，小愛怎麼唸都不對。媽媽從老師那邊得到這個訊息，回家整日放起那時最紅的"Baby Shark Dance"，想引導小愛一起唱跳"baby shark doo doo doo"，一開始還可以開心得玩在一起，最後練習愈多次，媽媽企圖讓她發音的「詭計」被小愛看穿，她便顯得不樂意，也鬧起脾氣，這個「du」更加發不出來了。

媽媽的教學方式比較年輕、比較衝，容易跟孩子針鋒相對，當小愛情緒一來，媽媽也容易被影響。身為對她一舉一動更加敏感的爸爸，看她這個情況心裡不免憂愁起來，孩子不能不練習，但又不能被媽媽強迫，到底該怎麼樣才能引導她說得好又學得愉快？

某天行程結束，我在車上又想起這件事，剛好途經玩具店，我便繞進去晃晃，想著幫小愛順手買個禮物，至少讓她開心些。進到店裡繞來繞去，突然看到一對兩隻串在一起的娃娃，腦子裡靈光一現，拿起來就去結帳。帶回家，小愛看到果然眼睛一亮，我向她介紹這是兩位新朋友，一個叫「dudu」，另一個叫「didi」，他們是一起長大的好夥伴，要好好跟他們相處喔！

小愛道謝後，一把把娃娃拿走便玩了起來。過沒兩天，她便可以對娃娃喊出「嗨！didi、dudu」，身為爸爸的我在一旁看到為之竊喜，發音障礙成功翻越！

這不是說媽媽的方法不好、我的方法才對，而是我長期觀察小愛的個性，所聯想到「玩中學」的方法。小愛是那麼有主見、聰慧的小孩，得讓她先喜歡上某件事物後，才能讓她從中學習到東西，否則只會招來反效果而已。引導小孩學會一個發音、一項專長、一種語言，都不是件容易的事，我想這應該都是父母在陪伴孩子成長過程中，都會遇到的修練吧。

## 未來的路那麼長，我們一起走過好嗎？

很快的來到六月十二日，小愛手術的日子。我們帶著小愛入住病房，她仍舊一臉淡定，倒是我比她還緊張害怕，還記得那時候要幫她打點滴，我連看都不敢看，這時候妻子就變得比我勇敢得多，她陪著小愛，哄她、照顧她，相對於為了迴避那個情境而到走廊上流連的我，她比較能夠面對這些受苦的情境。

回想起這些時刻，我多數選擇閃躲，要打點滴我不敢看、要灌她吃藥我不敢看，小愛受的是肌膚之痛，我痛的則是心。

還好小愛隔天的手術很順利，大概兩個半小時就從開刀房出來了，出來的時候頭纏滿紗布，到了晚上就變得不太好睡，再加上護理師半夜會固定來巡看點滴、針頭等等，這時候她才哭得比較厲害。

小愛是很有個性而且堅強的孩子，通常不太哭的，就算哭，也是輕輕的哭個兩下就停。那天她在病床上時不時地哭泣，我在沙發床這側聽到，也跟著掉淚。

其實有點不好意思，一個四十歲的大男人，在國會殿堂、民間、商界服務走闖這麼多年，也沒怎麼哭過。但是，只要是與小愛有關的問題，我都會馬上掉淚，一直到現在，只要回想那年的生活，眼眶就會立刻紅起來，與我熟一點的朋友都知道，這時都得幫我遞上一盒衛生紙。

隔天早上，聽力師與護理師就來準備開頻，由於小愛只開一耳，有一耳是聽得到自然音的，因為她聽得到一般聲音，所以開頻對她而

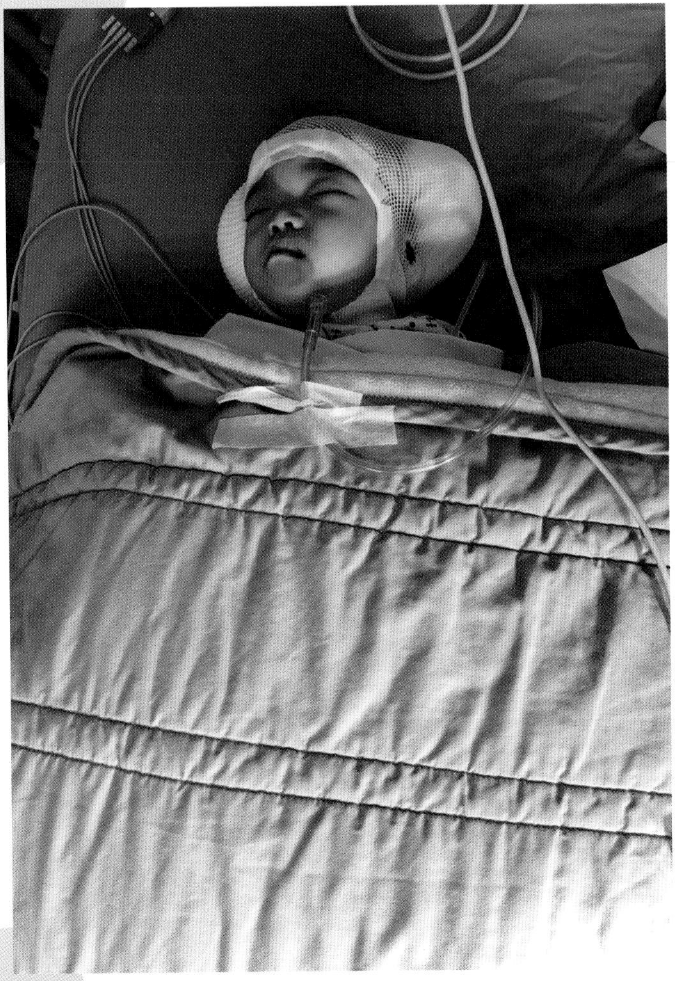

▶ 小愛受的是肌膚之痛，我痛的則是心。

言不是大事，調校好了，就可以出院返家。

小愛的手術總算開完，回家後的適應狀況看起來不錯，到這個階段，我算是放下了心中半個大石頭，她至少可以藉由科技輔具，讓兩耳都能聽得見外界的聲音了。

小愛與我們將迎來下個階段，走到這步，花了十四個月，我知道接下來的時間還有許多挑戰。

回想當初的心情，讓我想起近期參與的一場畢業典禮，很特別，特別令人不捨。

我的職業與身分讓我可以到不同的地方，接觸各式各樣的人們。那天是一個特殊教育學校的畢業典禮，我到現場致辭，小愛是特殊孩童，我自然很明白這些站在台下的家長們，看著自己孩子努力表演、開心得手舞足蹈的心情。

那天我在現場待到典禮將近尾聲才離開，這對每天都把行程排滿、追求效率的我來說是挺難得的事情。因為在現場致辭結束後，就沒有什麼需要我的地方了，我也確實找不到什麼事情做，就只是靜靜坐在那裡，看著台上台下的小朋友與爸媽互動，其中有幾個孩子戴著助聽器，特別引起我注意，便與他們多聊了兩句，也關心一下父母親的狀況。

助手好幾次催促我「下個行程的時間要到了，該離開了。」我屢次說好，腳就是抬不起來。我坐在椅子上，突然有個念頭是「我要去哪裡？為什麼需要離開呢？我不就是屬於這裡的嗎？」我不只是理解、同理他們的遭遇，取而代之的，我就是特殊教育孩童的爸爸，現場每

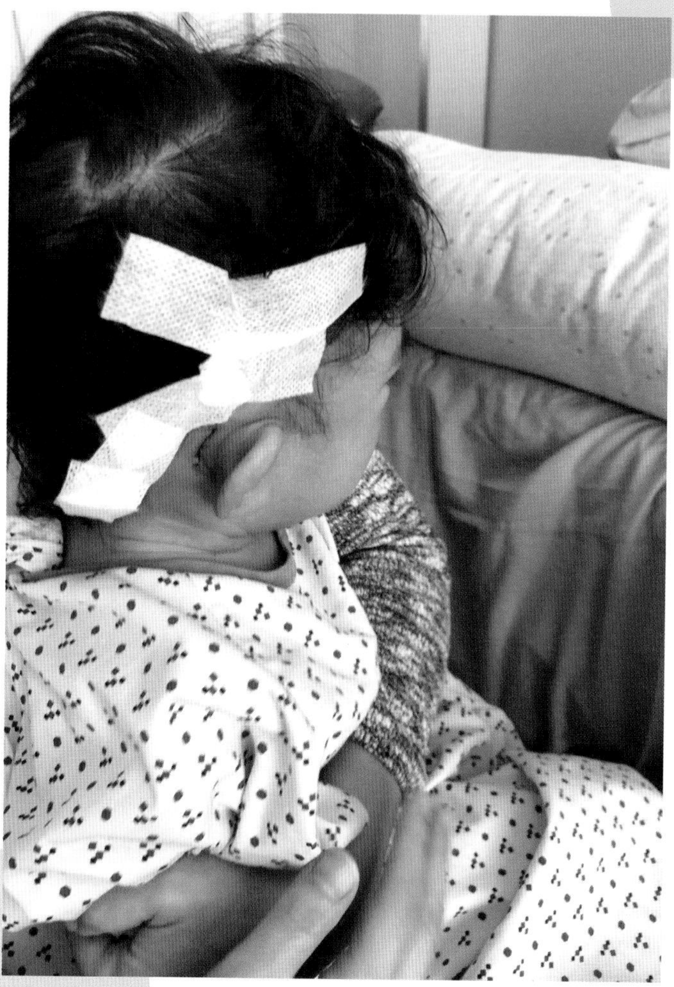

▶　陪著孩子無憂無慮長大，
是一輩子的事情。

個父母臉上帶著笑容又隱藏著擔憂的神情，都映照著我的心情，我們是同一種人。

過去的我，不會覺得自己該待在哪裡，但現在的小愛爸爸，卻對這個地方產生歸屬感，我比較能夠用更親近的視角看事情，關心周遭的人事物，這樣的轉變，讓我覺得自己成為一個有愛的人。

說心底話，有些孩子的狀況蠻嚴重的，你可以看見某些父母的眼神除了慈愛之外還帶了許多無奈，但都盡量平常心的，拿著相機捕捉孩子的每個瞬間，因為我們始終都要在某種程度上，陪伴孩子一輩子的。我想著，小愛與衛斯理已經是站在幸運的那方。

致辭或是私下談天的時候，我幾次哽咽都不敢真的掉下淚來，好多小孩、好多家庭都比我們辛苦得多，小愛與我真的是夠幸運了，而我幾次都覺得自己已經快要撐不過來，何況是其他人？

所以好多人問過我：「要不要再生一個，為小愛添個手足？」我的答案都是不要了，我要專心疼愛、陪伴小愛到我沒有辦法再繼續陪她為止。而我心裡知道，除了這個理由之外，還有一層恐懼。一路看著孩子受苦真的太可怕，我沒辦法再冒風險經歷同樣的事情，即便我是過來人，也絕不可能再有力氣承受一次，我連想都不敢想。

道阻路且長，我就是身心障礙兒童的家長，完全能理解陪著孩子無憂無慮長大，將是一輩子的事情。

小愛，我們要一起加油。

第4章

# 原來，考驗還沒結束

不要抗拒向外界求援。

當你暫時沒辦法拉自己一把的時候，可以試著尋求外在力量，運動也好、找朋友訴苦也可以，最最重要的是，不要拒絕他人對你的好意，那不丟臉、也不是示弱。

## 電子耳壞掉？一年內要開兩次刀是什麼意思？

如同謝國樑說的，陪著孩子平安長大，對我們這樣的家長來說，是奢求中的奢求。聽損兒不光是在學習上會有問題，包括未來的人際關係、就業、心理狀態等等，都是我們必須更加注意的。

何況電子耳這樣的輔具雖然使用年限較長，但也不保證不會壞，只要一有毀損，對配戴電子耳的兒童而言，絕對是晴天霹靂。

就那麼不巧的，衛斯理碰到了這樣的狀況。

在衛斯理開完刀後一年左右，一切都好像步上正軌，他對於外界的反應愈來愈好，也可以與人對話了。我還記得那天是二〇一八年的五月二十七日，我們到家附近的公園玩，陽光正好，他笑得超級燦爛，我就坐在涼亭裡，覺得自己真是個幸福的爸爸，生命中的烏雲總算都過去了。

殊不知，我覺得的幸福都是建立在無知之上。

隔日，我帶他到亞東醫院的聽力醫學中心，做例行性的聽力檢查。沒多久，我察覺到聽力師的臉色很凝重，看起來有些不對勁，但是他不說話，我也就沒有多問。

過了一會兒，他跟我說，衛斯理左耳的接收器一直呈現沒有收到訊號的狀態，很有可能是植入體壞掉了，根本無法協助衛斯理聽到外界的聲音，也就是說不知道從多久以前開始，他就聽不見我們在說什麼，只是我們都沒有發現。

植入體壞掉？那是多嚴重的大事，意味著開刀不過一年的衛斯理，極有可能必須再開一次刀，把壞掉的植入體取出，再置入一個新的。如果做不到、或選擇不做這件事，那就是衛斯理又要回到「聽不見」的原點，一切重來一次。

「到底是怎麼壞掉的？」身為爸爸，我對於自己的輕忽有些自責，又找不到頭緒。

現在回過頭來想，衛斯理是個活潑的小男生，那陣子他有個習慣動作是，進到電梯裡就會用力的將背往角落靠，砰的一聲，他覺得有趣，有些電梯裡又裝有扶手，那個扶手又剛好與他差不多高度，很有可能就是在這些頑皮的小動作間，不小心讓扶手敲壞了接受器。

但是，事情怎麼發生的，在那當下都已經變得不重要。最重要的是，我得趕緊跟陳光超醫師討論，要怎麼挽救或更換損壞的接受器。沒想到事情一波三折，醫師告訴我，由於接受器的代理商與醫院間有些糾紛，在糾紛告一段落之前，他沒辦法在醫院裡幫衛斯理開刀。

在這裡要跟大家解釋一下，由於電子耳的手術相對精細，又是在神經最多、最密集的頭部開刀，通常我們都會希望是由第一次執刀的醫師，來為患者動接下來的每一次手術，因為只有他最了解患者的狀況，以及植入體擺放的位置，所以衛斯理的這場手術真的非陳光超醫師不可。

我聽到這個消息，整個人火氣都上來了。

這是多荒謬的一件事？因為醫院與代理商之間的糾紛，我的孩子就不能由原本第一次執刀的醫師動這個至關重要的手術？

▶ 2018 年 6 月 28 日，我闖到比利時電子耳全球大會，為衛斯理爭取第二次手術機會，感謝陳光超醫師同行協助。

得知這個消息後，我決定用盡各種方法為衛斯理找出路。一方面找在中國的代理商，問問有沒有辦法幫我解決這個問題；另一方面則找上原廠，寫一封交代前因後果的信，給原廠的創辦人兼CEO英格伯·侯和麥雅（Ingeborg Hochmair），告訴她，現在有個台灣的孩子用了她的產品，因故損壞，希望能夠回到原本的醫院動刀修復，卻因為品牌在台灣的代理商與醫院發生糾紛，因而罔顧孩子的權益與健康。

即便原廠回覆告訴我知道了這個消息，他們會協助解決。但是衛斯理的聽力一日不回復，我就一日放不下心。

這樣拖下去不是辦法，我從醫師那邊得知，他們即將在六月底於比利時召開電子耳全球大會，屆時全世界的廠牌、醫師都會到場，我心一橫，決定買張機票自己飛過去一趟。

我一個患者的爸爸，隻身闖到了電子耳大會的現場，原廠的工作人員、台灣的代理商在會場看見我都很驚訝，他們都說我瘋了。我本來就不是順從於命運安排的人，遇到任何困境，我都會企圖扭轉。更何況那是我的孩子，我必須為他做所有我能做的事情，只要能換回他的健康，即使自焚也在所不惜。

最後，我終於順利的與電子耳廠牌的創辦人侯和麥雅見到面了，約了時間將這件事情交代清楚，對方也承諾會協助我解決。

回到台灣，侯和麥雅兌現了她的承諾。同年八月，衛斯理動了第二次手術。幸好手術順利，只是這次衛斯理再度歷經沒有聽到聲音的兩個月，這下他又需要一點時間與新的接受器磨合。

換接受器可以想像成是配了一副新的眼鏡，剛戴上時會有頭暈不

▶　終於與電子耳廠牌的創辦人侯和麥雅見到面，也取得解決之道。

適感，一陣子之後才會漸漸轉好。衛斯理與新的接受器也是一樣狀況，一開頻後，他一聽到聲音就情緒不穩、想要大哭，我們花了一些時間陪他重新磨合，還好孩子的適應力強得不得了，一陣子後他又變回那個開朗活潑的孩子。

感謝主，雖然又經波瀾，但至少這場災難的結局是好的，希望未來的路愈來愈平坦，我每天都為孩子禱告。

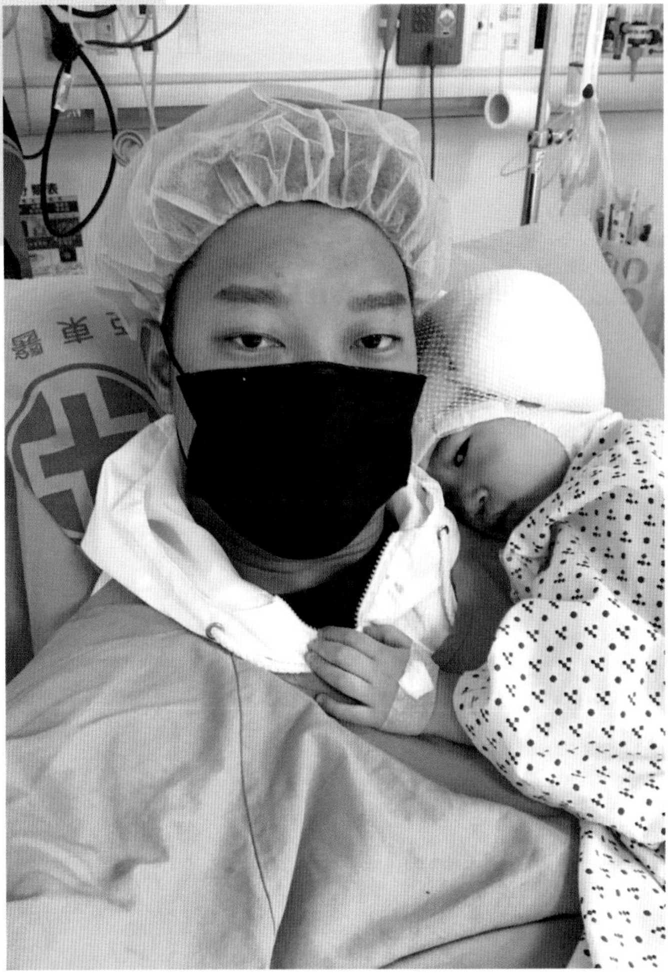

▶　2018 年 8 月 2 日，衛斯理進行第二次手術後，我陪伴他從手術房出來。

## 考驗的不只是孩子，還有夫妻

衛斯理幸而得到良好的診治與復健，讓他現在可愛又健壯，甚至有時話多得讓我覺得聒噪，對幾年前的我而言，還真是奢侈的煩惱。

畢竟剛開始，我們都將他的出生視為人生最嚴重的災難，他確實也是讓我與亞曼達重新審視家庭、伴侶關係定義的契機，而我們也在這個過程裡面臨了巨大的翻轉，走上過去從未想過的路。

當我們發現衛斯理的聽力有問題後，我與妻子亞曼達都做了基因檢測，證實我們都有會造成聽力障礙的DNA，而這件事就發生在衛斯理身上。

我們沒有責怪或埋怨對方，然而這確實也成為我們心裡的壓力。能做的任何補救、教育、陪伴，我們都盡量去做，但是夫妻之間總有意見相左的時候，尤其與孩子的疾患相關，我們更是謹慎小心。

加上自己心情長期處於不穩定或低落的狀態，搬家、換工作、找醫生、陪伴孩子，每一項分開來看都是人生大事，而且我們不只有衛斯理一個寶貝，還有一個大女兒薇拉，也與我們一起經歷這些巨大的變動。

各種壓力交相煎熬之下，逐漸的，我們對彼此的一言一行都很敏感，忍耐度非常低，兩人就在內外夾擊的情況下，產生許多衝突與激烈的討論，我們的關係逐漸降至冰點，埋下日後分開的種子。

我們就是兩個自我懷疑的人，幾乎二十四小時相處在一起，在這

▶　姊姊知道弟弟跟別的小朋友不一樣，弟弟常常鬧脾氣，她也學習如何耐心對待。

段關係中，我們都顯現了過去不曾見過的陰暗面，小到像是家事、大則有關衛斯理的診療方式，都會讓我們產生爭執。

例如，醫生建議可以讓他在週歲做微創電子耳手術之前，配戴助聽器習慣外界的聲音，因為衛斯理裸耳的聽力雖然要高於九十五分貝、像飛機引擎般的聲音才聽得到，但配戴了助聽器後，大概可以提升聽力到高於五十分貝，如較大的談話聲音、狗叫聲或喇叭聲，即便模模糊糊，但只要有聲音進到他耳朵裡，就是一種刺激。

不過這仍需要一筆費用訂做專屬於孩子的耳模，而整體使用時限非常短，大約只有不到半年時間，再加上還要讓衛斯理無時無刻的戴上頭套，其實不是那麼舒服，我與亞曼達在這件事情上就抱持不同的意見，因此產生摩擦。

亞曼達在婚前原本有自己的事業，但是嫁給我之後幾乎是全盤放棄，成為家庭主婦。

作為一個母親，她不是那麼快樂，她得面對自己失去價值的過程、因為生子而崩壞的身材等等身心靈的考驗。亞曼達形容自己「整天就只能窩在家裡，自暴自棄的變胖」，對於一個女性而言，心理上的挫折可想而知。

如同前述，我也從事業頂峰走下，為家庭與兒子付出，即便我有其他工作與事業在忙，總也有感到低落的時候。也因此，那陣子我很常藉故飛往國外出差，一飛就是四、五天，現在想想那就是我逃避現實的方式。在國外的旅店裡，我一個人躺在房間的大床上，可以暫時不用面對家裡混亂的一切。

在這兩年裡，我諮詢過兩個心理醫師、四個婚姻諮商師，我不怕公開這些數字的原因在於，我真的很努力，也從不拒絕向外界求救。回首過去，我認為自己做了所有該做的努力，雖然最後我們兩個仍然在二〇一九年協議分開了。

過程很難形容，一切都是艱難的，但是分開後，我與亞曼達都各自過得更好一些。

亞曼達重新找到自己的人生目標；而我雖然失去了物流事業，卻在領導力教練的引導下，重新找回人生的使命，我知道自己接下來的目標是「幫助我愛的人，實現他的理想」，幫助我的朋友、親人，甚至是從未來往過、需要伸出援手的陌生人。

回首過往，我知道那時候的我們很不快樂。為了孩子放棄事業、原生環境以及大部分的自己，因為沒辦法「做好自己」，一切以孩子為主的父母親就不可能快樂，一旦父母不快樂，孩子也會知道的。

唯有我快樂、我知道自己的存在不只是為了孩子，還為了自己心裡想要完成的事物，唯有父母抱持著正向的態度，孩子才能快樂、沒有負擔的活下去。

## 正視彼此的問題，才能在分開後得到最珍貴的體悟

不過，如果要將夫妻關係改變的原因，都怪到衛斯理的耳疾上，便顯得太不成熟也不夠負責了。

簡單來說，其實任何一對夫妻一定都有矛盾與相處問題。某種程度而言，或許因為家庭教育或背景緣故，我們都對夫妻關係有太多幻想與既定的期待，再加上太容易對彼此的付出視為理所當然。

兩人之間的歧異與衝突能否解決，端看彼此願不願意正視這個困難，以及預期可以用什麼樣的方式解決；若兩人遲遲迴避或忽略問題，長期下來，只會讓現實與理想的落差太大，最後像炸彈一樣爆了開來。

衛斯理的耳疾，不過就是條導火線而已。

舉例來說，我的父親是一名外交官，從小我就在各國生活，家中常有賓客往來，那時的印象是，母親總能從廚房裡端出一道道精緻菜餚，讓所有人享用盡歡。

「很會做菜的妻子，三餐都能給孩子在家中吃最好、最健康的食物」，這就是我對妻子、母親的既定印象。但是亞曼達對於做菜的興趣不大，也不認為妻子就必須負擔這樣的責任與義務。

她對我也有怨懟。我下班後常坐在沙發一動也不動，幫忙家務的次數與時數相對較少；回到父母家，我也習慣讓父母照顧多一些，她便覺得我對於「家務」的付出遠不如她，她心裡認為不甚公平。

其實，我不是不願意付出，而是那時候覺得自己在外工作，要負擔所有經濟壓力與開銷，下班回家又像是再做「另外一份工作」的感覺，身心也備感壓力。幾次激烈爭執便由此而起，兩人關係逐漸惡化，也感受到彼此對於婚姻角色期待的落差。

婚姻制度對我們而言，不再只是當時的浪漫許諾，反倒成為人生角色、心靈上無形的枷鎖與桎梏，我們「被迫」要讓自己符合對方理想中「妻子」、「丈夫」的形象，當彼此無法達到對方的要求，衝突就油然而生。

在經過數次激烈爭執之後，最終彼此還是選擇分開，在「技術層面」上讓彼此保持一點距離。

如果你問我「你們兩個還適合嗎？」我還是會回答你，我與亞曼達是非常契合的伴侶，但是過去我們對彼此的期待看得太重，卻忽略婚姻的本質是彼此包容、尊重與相知相伴。

很多人無法理解我們的解決方法，剛開始聽到都以為我們婚姻「破碎」。事實上是，在經過了這些磨合後，現在我與亞曼達仍舊幾乎每天見面、每週帶孩子出門去玩，爭吵也減少了。

當然，這樣的相處模式並非一蹴可幾，更不可能適合所有人。我也必須非常坦白的說，在形式上分開後，我們也經過一陣子低潮與磨合期，才找到兩人都覺得舒適自在的相處模式，也找回自己。

亞曼達從先前她形容是「自暴自棄的肥胖」狀態，一步步的成為私人健身教練，她找回原本的體態還有心靈上的自在。她的學生總問她，「為什麼同樣當媽媽，妳卻可以活得這麼從容有自信？」我想這只

▶　2020 年 10 月 1 日，我幫母親慶祝生日。左二、三是珍妮、詹姆斯，中間是父親。

有一個答案，那就是我們都很努力、很努力的在相伴的過程裡讓彼此走向更好，而不是向下沉淪的路。

我則重新調整生活重心，重拾健身活動找回原本的身材，並且盡力抽出時間陪伴孩子，身心靈也都有不一樣的提升。

所以，我與亞曼達從一開始的痛苦，到現在非常感謝衛斯理的出生，體認到他其實是上帝賜給我們的巨大恩典。衛斯理的存在讓我們反躬自省，唯有勇於正視自己的不足與黑暗，才有機會從中生出新的自己。

## 換個角度看待彼此的不足，才能迎來海闊天空

當然，事情不像擁有超能力的超人那樣，一彈指世界就會反轉、好事就會發生。我相信每個家庭都會遇見夫妻、親子、妯娌、婆媳等等各種關係、角色的相處問題，有時書裡寫的「磨合」二字，背後藏著斑斑血淚，讀者看不見也無法體會。

要怎麼讓自己、對方與彼此的關係及狀態變得更好呢？我運用了兩種不同的方法。在心靈上，當我面對無法處理的問題時，我寧可暫時先停下來，我相信主會主導，讓事情變得更好。其次，如同前述，我是個不抗拒向外界求援的人，所以我也建議大家，當你暫時沒辦法拉自己一把的時候，可以試著尋求外在力量，運動也好、找朋友訴苦

也可以，最最重要的是，不要拒絕他人對你的好意，那不丟臉、也不是示弱。

確認分開後的那陣子，我很頹靡，也不敢向太多人訴苦，只有父母知道比較多的細節，父母比我還要愁悶，他們就是那一群認為我「婚姻破碎」的代表。

某天我父母遇到相熟的鄰居夫妻詹姆斯與珍妮，他們是一對虔誠的基督徒，言談中靈敏的發現父母親的心情低落，一問之下才知道原來是因為我這個兒子與妻子的關係不睦，讓他們也連帶愁眉不展。

接下來發生的事情，如果你說不是主的安排，我不相信，所有事都是那麼自然而然地發生，但又充滿神蹟，我感激也感恩在我身邊的一切，更感謝主的救贖。

過不了多久，我、亞曼達、詹姆斯與珍妮在教會巧遇，他們主動向我們打招呼，一陣寒暄後，兩人邀請我們改天到他們家作客。

那是二〇一九年的六月二十二日，在我們分開約四個月、正式分居約一個月後。分居那陣子，我們在原本一起住的家裡，為家具找「主人」，把每件東西都分出「這是你的、這是我的」，「分離」有了真正的重量，兩人在實質生活真正回到只有一個人的狀態，我們都不怎麼好過。

那天亞曼達第一次到詹姆斯與珍妮的家裡，竟然就在沙發上睡了六個小時，醒來後說那是這陣子以來最放鬆的一天。

詹姆斯與珍妮很快就獲得我們的信任，他們也發自內心地表示，願意成為我們之間的協調劑，讓一切都回歸正軌。自此之後，詹姆斯

▶ 珍妮、詹姆斯帶著衛斯理外出遊玩。

與珍妮日日花兩三個小時的車程，往來淡水和我台北的住處，陪伴我們一家人，至今維持一年的時間，風雨無阻從未間斷。

下午時，他們是衛斯理與薇拉最好的玩伴、導師，晚上則與我、亞曼達談天，梳理我們之間的衝突、矛盾，以及說不出口的那些怨懟與感謝。

他們沒有心理師或諮商師背景，但詹姆斯曾是知名編劇，對於人性相當具有洞見，觀察更是細膩，他總能在適當的時候，給予我們溫暖的建議。更多時候，他們就是聽我們說、聽我們訴苦或相互道歉，在這樣的過程裡，你可以從另一半的視角，重新檢視那些另一半為你付出、而你忽略或視為理所當然的地方，又或者從旁觀者的視角，得到不一樣的想法與觀點，知道自己哪裡還可以更好。

在幾次晤談裡，詹姆斯協助亞曼達釐清自己的情緒，她太容易抓住那些不快樂的情緒，對於人的安全感與信任度也不足，她將所有不快樂、不確定的情緒，都發洩在最親近的人身上，導致彼此的關係緊張。她也從中理解，原來人與人之間只要近距離的接觸，關係都會變得不如想像中美好，原本的優點也都變成缺點。舉例來說，婚前她喜歡我的自由與隨興，婚後她反而覺得我缺乏計劃、沒有想法。

在深談中，我們都認知到「人」就是一種情緒紛亂的生物，講的、說的、想的大部分都不一致，我們要為自己找到平衡點，才有辦法在伴侶關係裡找到平衡點。

說著說著，過去那些沒辦法解開的心結，就這樣一一打開，我們重新拾回了對對方的尊重與感激，直到這一步，才真正算是重新建構了亞曼達與我的相處模式。

之前說過，我與亞曼達的問題不是直接與衛斯理相關，他充其量只是個引爆點，我們夫妻之間過去真正的糾結點在於，兩人都太以自我為中心在過生活，總是給「我們想給的」，而不是對方「真正想要的」。

有本書我非常樂意推薦給大家讀，是黃國倫牧師寫的《婚姻沒啥大道理：讓專家為你現身說法》，書裡分別列出了男人與女人在關係裡最重要的五個需要，光是看標題，你就知道夫、妻所想所求的，根本是天差地遠。

黃國倫牧師認為，女性對於另一半有五大需要，以優先順位來排，分別是「疼惜」、「說話」、「透明」、「安全感」、「好父親」。對男性而言，則是「性」、「做她的伴侶」、「賞心悅目的妻子」、「沒有後顧之憂」、「被欣賞與仰慕」。仔細看看男女之間的選擇，別說排序了，連「需要」什麼，都沒有一個是一樣的。

因為我們從來沒有真正被教會過，如何在生命裡與另一個人長時間的和平共處。

「正規教育」是件很奇怪的事情，所有人生裡重要的事情，它通通都沒有教，包括交朋友、追求自己的人生使命，乃至維持婚姻關係。多數時候，我們都是在遇到問題之後、走入某個情境，才開始學習如何面對。

可想而知，我們都是進入婚姻之後才開始學習當丈夫、老婆的；有了孩子之後，又要學著當爸爸、媽媽；同時面對對方的家庭，也得有女婿、媳婦的樣子。一層夫妻關係帶來的責任與角色比你想像中還多，甚至你會因為在生活裡手忙腳亂，而把「自己」這個角色忘記，最終導致生活與心靈失衡。

角色失衡，自然會產生衝突，要化解衝突的關鍵不在於對方能否妥協，而是你懂不懂得轉念。在與詹姆斯、珍妮一起解開心結的那幾十場晤談裡，我們不免有責怪對方的時候，當我用一根手指頭指著亞曼達痛罵的時候，是詹姆斯提醒我「在上帝的眼裡，我們都是罪人，只有上帝才能批判人。」

在基督教的教義裡，人都是有「罪性」的，「罪」的定義與一般社會大眾所想的有些不同，不是殺人放火的那種犯法情事，是人太過於脆弱，因此本性、本質容易因為外在事物而被迷惑敗壞，而產生「罪性」。罪性人人都有，我們不能用自己的角度批判另一個人，或是彼此怪罪，那是不公允、也不被允許的。

詹姆斯提醒，如果我看見了亞曼達的罪，我該做的不是責怪她、批判她，反而應該要為她禱告，祈禱神能改變她。

哲學一點來說，這種「他者化」的角度，讓我較能用第三人的觀點看待我們之間的關係，讓我能更平靜的想像我與亞曼達之間，到底應該怎麼樣才能走下去。神奇的事情發生了，堅強、自我意識強烈的亞曼達在過程裡體會到主的強大與照拂，她在二〇一九年的八月一日受洗，正式成為基督徒。

## 這是場上帝安排的接力賽，我們互相效力

主的安排不止於此，祂總在我們想不到的地方，撒下喜樂。

衛斯理在開完刀後，他的聽覺年齡其實已經比同年齡的小朋友少一年時間，此時最需要的就是大量的語言刺激與輸入，盡可能地讓他理解語言所代表的意義，才能在未來趕上同齡孩子的學習腳步。

就這麼機緣湊巧，珍妮過去原來是華語老師，向外國人做華語教學已有數十年經驗，正因為這樣的專業背景，她來當衛斯理的語言家教，真的是再適合不過。如果你願意相信這一切都是神的恩典，我要再跟你說說一些，我們蒙神保守的事。

我在上海做的物流供應鏈事業，有很大部分營收來自培訓的實體課程，但二〇二〇年疫情爆發，我公司整體的營運狀況勢必很淒慘；再加上因為工作關係，在上海的生活成本與壓力非常大，造成我的身體當時有些警訊，只是擱著沒有處理，如果我還在上海，一手經營的企業營運不如預期，現在的我一定身心煎熬。

而詹姆斯與珍妮在遇到我們之前，詹姆斯因為編劇背景，即將參與一個影劇城建造的大案子，原本預定在二〇一九年的六月就要離開台灣，到武漢長居一段時間，但案子因故延宕，所以才又在台灣住了下來。

這一年時間，詹姆斯好幾次都盤算著要不要到武漢看看，但最後都選擇要陪著我們走過這段黑暗期。他們最後一次到武漢，是今年一月，兩人到武漢住家將所有家具、合約處理完，全數搬回台灣，兩人返台沒多久，疫情便像野火一般爆發，不可收拾。

你說，我們有沒有這樣的一個上帝，為我們設計所有無法想像的際遇，引導眾人歷經逆境，又走出逆境？

我的答案是肯定的，基督徒有句話是：「人的盡頭，就是神的起頭。」當人不能時，神凡事都能；當人的思維無法解決眼前困境時，神會給你指引，讓你轉念，此時一切的災禍便會成為恩典，你的心智也因此成熟，生命才會得到最大的反轉，這便是神給你的巨大恩典與造福。

珍妮與詹姆斯成為我這段時間最重要的導師，讓我將苦難活成上帝的恩典；我的出現，讓謝國樑能在小愛發生問題的時候，給予診治與心靈上的一些支持，讓他現在能走出陰暗；我相信所有的所有，都是上帝巧妙設計的際遇，讓彼此牽起雙手、互相扶持，並將更多、更大的祝福，賜予更多的人，《羅馬書》第八章二十八節裡寫著「萬事互相效力，叫愛神的人得益處。」我們就是這樣的展現。

對我而言，這一年多以來，真的像是從地獄裡走上來一樣，外人不能理解這看似反反覆覆的決定，只有身在其中的我與亞曼達才知道要讓彼此從針鋒相對、逐漸走向平行線，要如何又能「同步並行」，或是在夫妻、父母等等角色之間取得平衡，我們都還在學習。

過程中讓我的父母親與親友，多有不諒解或是百感交雜的情緒，我想是在所難免，有時候，「為什麼你們兩個就不能平靜的生活?」、「為什麼不能認知婚姻有時難免無趣」，又或是「結婚就是要犧牲某部分的自我」諸如此類的責怪或不解，就會加諸在我們身上。

▶　亞曼達細心為全家安排穿搭儀式。

但是，我和亞曼達對於婚姻與人生倒是有一致的看法。我們都不認為走入婚姻就應該無聊、應該放棄自我、應該認定婚姻是無趣的，反倒是爸爸媽媽應該要擁有快樂、愛自己的人生，才能帶給孩子愉快的生活，這樣的相處與成長，才會愈來愈正面。

作為父母，我們都要懂得為孩子安排「儀式」感，讓一家人的生活過得更有滋味，我認為我們責無旁貸。例如，前陣子疫情漸緩，我們全家出遊到花東，亞曼達細心的為我們全家安排“dress code”，每天都有一個代表色，作為我們全家穿搭的主題色，今天是黃色、明天是綠色，四個人在小木屋旁、在牧場邊留下照片，每個時刻的我們都笑得好開心，我相信不管到幾歲，無論我與亞曼達能否再度走在一起，那都將是我最珍貴最美好的回憶。

第5章

# 重整步伐，我們一起再出發

因為小愛，我做決定的方式與過去完全不同，過去我看「成敗」，現在我看「對錯」，只要是對的，我就會去做。

我希望未來的自己能讓小愛有光榮感，如果因為我做得好、做正確的事情，而隨之產生的榮耀或感謝，又能全數返照在她身上，讓她的未來有更多人疼愛，那我將會更充滿感激。

## 媽媽陪伴、爸爸決策，分工為孩子規劃未來

家裡的孩子有問題，哪怕只是一點小病，都很容易為生活、家庭及婚姻關係掀起莫大波瀾，詹斯敦家是如此，我們家也不例外。

我與小愛媽媽的衝突，多半集中在孩子的教養問題上，有時候我覺得她年紀輕，對於規劃缺乏通盤考量，也不太懂得順著孩子的個性設計或調整教育方法，便會引發些不愉快。

面對溝通歧見，我們確實也調整好一陣子，才找到可以彼此配合的方式。

舉個例來說，小朋友長大一定都會有自己的主見，或是對於一些

小事情產生堅持，有次小愛睡前好想吃蛋捲，但已經刷牙洗梳，她吵啊鬧的，小愛媽媽都用「刷牙之後，就不能再吃東西」、「睡前不能吃甜點零食」等等理由回絕她。

可是啊，小愛媽媽忘記自己的女兒是超級堅持的牡羊座女孩，當她突然非常想要完成某件事情，而妳又站在面前阻擾她時，一定會勾起她用對抗全世界的力量來對抗妳的。

想當然爾，「蛋捲事件」讓母女倆在睡前互相賭氣，我嘆了口氣，回頭問問小愛「妳只是想要吃一點點對嗎？」她嘟著嘴點點頭，「那我們就只吃一小段蛋捲，吃完就要刷牙，而且下次記得睡前不能吃甜點，不然會蛀牙的，好嗎？」

小愛欣然接受我提出的折衷方案，這次「開會」雙方算是達成共識，成功平息一場不必要的戰爭。

我這種「順水推舟」型的爸爸，遇上「原則不可打破」型的媽媽，自然會發生衝突。但我總是會跟媽媽說，她的原則在當下的情境裡非常重要嗎？小愛的要求又極為不合理嗎？

如果兩者皆非，小愛有時不是真的想要得到什麼，她只是想要達成目的，只要順著她的方向提出另一個解決方法，她是可以協商討論的，既然如此，又為何需要每天與她槓著、僵持著，讓彼此都不愉快呢？

父母的「討論」與「交換意見」不是三言兩語就說得完的，何況中間還穿插小愛治療、手術的困難與障礙。我們確實一度吵得不可開交，也各自有各自逃避家庭壓力的方法，這件事情不需要美化，更無需隱

▶　媽媽每天都會陪著小愛上課、遊戲。

藏，但是幾年下來，我們兩個確實都很努力在弭平歧見，取得平衡點，也確實找到了相對適合我們的方法。

我因為背景關係，對於事情考量相對周詳，所以小愛所有的醫療、教育計劃都由我決定，媽媽則是主要陪伴者，陪著小愛的日常生活、上課或返診。

所以我們身邊的人都知道，小愛爸爸很忙，但關鍵時刻、需要做決定的時候一定會出現；媽媽每天都會陪著小愛上課、遊戲，但只要有關孩子的教育計劃如果需要調整的話，她一定得先問過爸爸才會有答案。

談到教育或醫療計劃，我凡事決策的態度都是抓大放小。現在若問我，我真的有「管教」小愛、最在意她的事情，也只有兩件，一是

「聽聽不可以拿掉」，二是「要有禮貌」。

她實在太聰明了，還小的時候，她知道我們都很在意聽聽有沒有戴好、有沒有損壞，幾次她生氣就會作勢要把聽聽拿下來，作為與大人「談判」的資源，搞得我們又氣又好笑，這小妞這麼小就知道怎麼樣換取協商權利，真是虎父無犬「女」。

好多時候我都得抓著她的肩膀教育她，聽聽是很重要的、幫助她的東西，沒有這個黑黑的小盤子幫助她，就很難聽到爸爸、媽媽的聲音，就不能跟我們聊天了。

多說幾次，她漸漸明白我們不是開玩笑，她也不能拿這個東西來開玩笑，這是要陪她一輩子的啊。

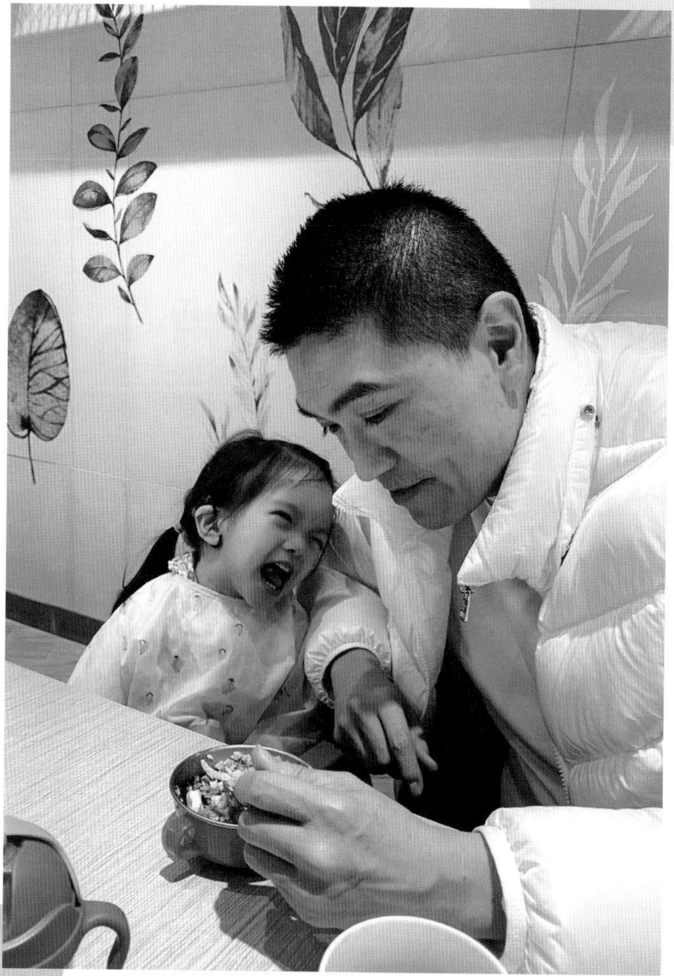

▶ 虎父無犬「女」。

畢竟長大之後，她也愈來愈依賴電子耳，有些時候把聽聽拿下來，她會顯得有點焦慮。

今年六月的某個晚上，我鼓起勇氣問她「是右邊的聽聽清楚，還是戴助聽器的左耳清楚？」她回我，是電子耳，這是她第一次給我正面的回應，我難免有點難過，這代表她可以聽見自然音的那耳可能有點衰退，卻也代表還好有電子耳的存在，她才聽得到我的問話。

又為什麼我把「禮貌」與聽聽擺在一起，視為同等重要的事情呢？

父母親在教育界、商界都多有著力，他們從我小時候便特別在意我有沒有主動向叔叔阿姨「打招呼」，唯有先打招呼、問好後，我才可以做下一件事。我長大出社會才深刻體會到，這背後其實隱含著「先對陌生人釋出善意，你們才有機會開啟良好互動」的意義。

打招呼不難，難的是養成習慣，在這點上我很堅持。小朋友很可愛，有時候做或不做你對她的叮嚀，還得看她的心情與疲憊程度，幾次小愛出門玩實在太累了，我們回家進大門時遇見警衛與秘書，「小愛，要跟叔叔阿姨打招呼，才能回家休息喔」，她總是眼神呆呆愛睏的樣子，手連抬都抬不起來。

我會溫柔但堅定地告訴她：「妳沒有跟叔叔、阿姨打招呼，我們就不能離開喔。」話說完便站在原地，最久最久曾經就這樣都沒有人說話，站在原地幾分鐘時間，一直堅持到她願意把手伸起來說聲「你好」。

我讓她理解，她得做完自己該做的事，才可以得到想要的結果，幾次下來，她知道這件事有多重要，也就成了我們父女間的默契。

## 孩子，妳做自己就好，爸爸會永遠保護妳

若詹斯敦認為，因為衛斯理的誕生，生出新的自己；那我比較像是因為小愛，而有部分的自我死去。

經歷過開刀、復健後，小愛聽損的狀況逐漸改善，雖然說話還有些連音不那麼清楚，但至少溝通、表達都有一定水準。我從憂愁她的發展，至今逐漸轉移至擔心外界對她的眼光，我怕她會因為他人無心或有心的行為而受傷。

我不再像過去那麼瀟灑自在、毫無牽掛了。我對她有太多虧欠，即便所有人都告訴我，聽損發生的原因不一定，但我仍舊覺得是自己的錯，無法釋懷。

▶　希望她能在對自己的身體更有愛與信心之前，在我的羽翼下幸福成長。

只要任何可能會威脅或傷害到她的跡象出現，我就會像刺蝟一樣將身上的硬刺豎起來，想要好好保護她，只希望她能在對自己的身體更有愛與信心之前，在我的羽翼下幸福成長。

有一回我們與朋友聚餐，大家都帶了孩子出席，席間有一個年齡較大的小男生，在小愛與我坐的沙發旁跳來跳去、玩得非常開心，其實他不會傷害到我，也不太可能會碰到小愛，但光是這樣，我就整個人不對勁，馬上把小愛抱走。

「嘿，謝國樑，你有點保護過頭、太敏感了。」我知道一定有人心裡會這樣想，覺得我過度保護孩子、心態有些扭曲。其實我也知道自己過頭了，但在更好的解方出來之前，我對那些沒有依據和尺度，或是具有潛在危險的事情相當在意，至少這樣的在意不會讓孩子受傷，我認為父親得擋在所有危險之前。

或許，這源於我小時候的童年經驗。家裡長輩一直都是從事公職，常會有些有頭臉的人物到家裡作客，為了讓父母不失顏面，我時常要表現得端正、莊重，像個懂事的孩子。我沒有不喜歡，反而覺得自己可以多見點世面，那時什麼事情對我來說都很新奇，也可能因為如此，我常感覺自己比其他人早熟一些。回到學校，相對於成人世界的世故，同學們天真爛漫的打鬧好像讓我更不習慣。

小學生最喜歡學些當時電視上熱門的橋段，簡單的幾句話，就可以讓一群人在下課時間笑得失去控制。當年紅遍全台的節目就是《連環泡》，這種短劇形式的綜藝節目，成為小學生們競相模仿的內容，你不跟著學，好像就沒辦法融入大家。

我印象好深刻，當時裡頭有兩個角色，叫「方哥」、「歪妹」，兩個角色對話中常迸出笑料。為了「合群」，我也老是把「我是方哥，她是歪妹」這類型的台詞掛在嘴邊，然後把大家逗得東倒西歪。

但是這樣的自己，其實我並不喜歡。我不是不喜歡小學生的模仿、也不是不喜歡《連環泡》，我只是不喜歡那個必須討好群眾，而委屈去做那些不想做的事情的自己，即便我覺得這件事情非常無聊，但為了可以更融入群體生活，我選擇去做。

說起來是段沒什麼大不了的回憶，但卻對我留下一些心靈傷害。如果可以，我希望孩子不要像我這樣，我想要她快樂、自在、率真，不要為了融入社會而委屈自己的長大。尤其是像小愛這樣有明顯不同的孩子，我更怕她想要迎合社會、群眾，而做出讓自己受傷的事情。

孩子，不用這樣的，不用想著要所有人接納妳。妳只要做喜歡的事，那些懂得愛妳的人，自然就會來到妳身旁。

▶ 我想要她快樂、自在、率真，不要為了融入社會而委屈自己的長大。

嘿，男人！其實你可以容許自己軟弱一點

我想起過去認識的一名女企業家，她最小的孩子一生下來發現是腦性麻痺，先生因為無法接受孩子的狀況，便與她提出離婚請求，兩人便分開了。

友人告訴我：「詹斯敦，別這麼驚訝，或許孩子的爸否認眼前的事實，寧可眼不見為淨。」父親當作自己沒有這個孩子，就這樣徹底消失了。

既悲傷又殘忍的原因，卻真的是他人的人生經驗。我想到這些事情，再回首我自己的經歷後會有個心得是，「男性有時比女性還脆弱」。這或許可以歸因於，男性從小就被教育得相對好強，要學會競爭、展現自我優勢，展示「所有事都在我雙拳的掌握之下」。

我們沒有被教會如何面對巨大的「失落」與「失意」，男性落淚更變成是一種丟臉、懦弱的情境，因此當面前的磨難已經遠遠超過自己的耐受度時，就有可能選擇逃避，或許這就是我們從小被教育要當個「男子漢」的遺憾。

但是，這世界上有太多事情是無法由你控制的，我們要學習的不是找回那些控制權，而是找到正確的方法，想辦法學習面對、接受失控的情境。

我除了靠信仰，上帝帶給我們的信念與協助，讓我能夠有勇氣面對這一切之外，其實也靠著珍妮引領我認識的ＬＭＩ（Leadership Management International）個人領導力課程。

因為父親是外交官，我們全家總是隨政府外交政策在各國間移動、搬遷，直至十三歲，父親安排我在美國德州就學，自此開始了「小留學生」離開父母家鄉的生活。從小到大四處飄泊的經驗，使得我內心深處一直都想要有安定的感覺，知道自己在外拚搏後，有一個固定的、不會變的地方可以回去，有家人在等我。

追尋安定與家的感覺，是我人生的功課，所以與亞曼達分開對我而言衝擊特別大，讓我整個人徹底萎靡不振。工作的事情放下了、家庭的事情放下了，我只做一些能夠維持生活基本功能，以及照顧孩子的小事，總體來說，用萎靡不振形容那時的自己應該不為過。

我表現得幾乎沒有活下去的力氣，珍妮實在看不下去。有天她終於忍不住問我，要不要試著尋求外力協助？我當下便答應了她，畢竟溺水的人抓到什麼都是浮木。

珍妮提供給我的是一位領導力教練馬克斯的聯絡方式，他主要透過「教練式輔導」的方法教授ＬＭＩ課程，幫助學員在迷航時找回目標與正軌。

過去我在美國、上海工作的時候，透過任職的企業推薦或是我個人自費上的領導力、管理課程其實不算少，但唯有這系列課程，真正從內在改變了我，並且幫助我找到人生使命。

▶　追尋安定與家的感覺，是我的人生功課。

## 向外求助，重新定義屬於你的人生使命

我知道聽起來有些誇張，但這就是事實。我在上完後歸究其因，認為這門採取教練式輔導的「個人領導力」（Personal Leasdership）課程的運用範圍，並不局限於企業經理人帶團隊、統御員工，反而可以運用在「領導自己」身上，透過系統性方法，讓自己可以找到人生目標、使命，從而激發自己的潛能與動力。

LMI強調，「要先相信自己有無限潛能，然後樹立明確的個人目標與人生使命。」再透過課程的工具讓目標可視化，變成每日、每週、每月的工作目標，一一完成。

這是一套有六十年歷史的課程，以「身」、「心」、「靈」、「家」、

「事」、「社」六大領域作為開展，分別關注身體健康、心理狀態、心靈歸屬、家庭關係、事業成長與社會責任。

我相信這系列課程有它的影響力，但剛開始我並不知道也沒有什麼概念，純粹就是以一個「死馬當活馬醫」的態度面對。

可能是因為這樣的心情，再加上我相對能夠對人敞開胸懷，所以無論教練問我什麼，我悉數和盤托出，無一掩飾，所以課程起了莫大作用。

「誠實面對自己」，不管在哪裡我覺得都是非常重要的態度。

面對孩子聽損的事情，如果我不誠實面對自己的恐慌、逃避，哪能得來事後與衛斯理一起面對治療的勇氣？面對夫妻關係分裂，如果我不誠實面對自己的缺陷與障礙，哪能得來更好的自己，以及重新修復關係的機會。

在低潮的時候，誠實面對所有內心的聲音、自己的狀態，的確很困難、很撕裂，甚至會揪出那些你不敢面對的自己，但是唯有直面對決，你才有機會讓自己昇華成更好的人。

馬克斯教練後來告訴我，他第一次與我見面，其實是場「面試」，他觀察我是不是個「受教」的學生，要接受這套教材，如果心存防禦就不會產生最好的效果，畢竟課程中的許多問題，學員都必須誠實回答，他才能利用教材直指問題核心，幫助解決人生中的低潮與障礙。

四十歲以前，我是個全力追求「成功」的人，社會上定義成功人士要有的財富、地位、品味、生活，都是我競逐的目標，我確實某種程度也達到了。但是很多時候我會覺得內心空虛，覺得那好像不是我要的，上了課之後才發現，那是因為我缺乏為自己的「人生使命」定義，以及透過這個使命為我自己建立活著的價值觀。

課程進行到九月份，我的轉變讓身邊所有人都驚訝。課程一開始，教練會帶著我設定六大領域的目標清單，並且給我重新調整步伐的課程道具。照著他的方法做，不到三個月的時間，我幾乎就完成了當時設定的所有目標。

包括「事業」上，我達成了年度募資目標；在「身體」上，我則重新安排自己的生活與運動頻率，在幾項重訓項目上，甚至達到健身教練標準；在「家庭」的領域裡，我為自己立下的標準是：「陪伴親密的家人與孩子」、「成為孩子的學習榜樣」。

不知道在哪裡聽來的一句話，讓我印象很深刻，「有的人用一生歡慶童年，有的人卻用一生治療童年的傷。」童年的我缺乏陪伴，有些經歷對我而言至今仍是陰影，所以現在的我很想讓孩子們能有快樂、滿足的成長過程，不想讓他們留下像我一樣的遺憾。畢竟孩子一下就長大了，陪伴成長的日子一消失，永遠也追不回來。

孩子需要陪伴，所以我規定自己每天早上六點半、八點半，以及晚上六點都要陪兩個孩子一起用餐，在餐桌上聽聽他們今天上了什麼課、遇到什麼好玩的事，或是有什麼心裡話想要告訴爸爸。

說起來不過幾句話，但是這對一個過去二十年把生活重心都放在工作、事業上的男人來說，在突然間接手孩子的所有生活、家務之後，能夠在一季之內順暢接軌，其實挺不容易。

▶　2019 年 6 月 27 日，我開始投入「個人領導力」訓練課程，右一是馬克斯。

LMI六大領域有非常清楚、明確並且可遵循的規則，這些計劃讓我逐步回到生活正軌。此外，在課程裡，我更清楚認識到自己在親密關係裡是個任性的人、面對對方指責時習慣反擊，種種態度都顯示我還不夠成熟，不懂得如何去愛別人。此外，因為更認識自己，才發現孩子身上真的帶著我們的DNA，孩子的個性、優缺點，都與我像極了，正因為相似也走過類似的路，現在為人父母更是戒慎恐懼，希望能夠在孩子的成長過程中，協助他們建立正確的價值觀與人格。

舉例來說，衛斯理非常需要透過身體的接觸產生安全感，這與我非常相似但我過去從未留意過。所以他老是在吃飯的時候，在我旁邊拉拉手、蹭來蹭去的，睡前則一定要討抱；又或是他在這個階段想要表達「愛你」的時候，他不太會用言語表達，但可能會透過打你、弄痛你的方式，表現他對你的需求。

但是在上LMI課程之前，我並不了解他這些行為背後的意義，有時會斥責他、把他推開，甚至告誡他需要學著「獨立」、「不可以讓別人受傷」，給予一般父母會有的正常反應，而衛斯理總是會有受傷的神情。我以為那是因為他被我拒絕，所以難過的表現，上完課後我才意識到，其實這是衛斯理在建立依附關係、安全感的反射動作，我拒絕的並不只是他的行為，還包括了他對我表現的「愛」與「信賴」。

後來，我也才學會其實這時候應該要引導衛斯理，用其他的方式表達「愛」，而不是弄痛他愛的人，讓他不要像我一樣，用不對的方式對待身旁最親密的家人。

諸如此類的改變，是我從來沒有想過會發生的，甚至發生得這麼快速，連我身邊的家人都不敢相信。這是一場自我修行，它讓我從了無生趣中重生，我找到了新的生活動力，更培養了新的習慣，最重要的是，它讓我內心保持平靜，而且找到了新的人生使命。

對於過去世俗所定義的成功與財富，在我現在的狀態裡已經不那麼重要，也不會帶給我真正的快樂。我從課程中探索自己，發現原來「幫助他人變得更好」，才是我最想追求的事，這才是我真正的人生使命，而從此之後，我做的每件事都有了同樣的中心主軸，更讓我學會取捨。

我想說的其實並不是推崇這套課程有多偉大，而是想要透過我的學習歷程告訴所有人，主在我脆弱時為我安排道路，但能否將路踏實、走得平穩，仍舊要靠人的努力。如果你現在也身陷困頓之中，那麼請別再自怨自艾、認為自己再也沒有機會了，想想我這樣的經歷都可以走過來，沒有誰是不行的。明天起，去找新的資源、新的工具，幫助你為人生帶來改變吧。

## 謝謝小愛，謝謝衛斯理

在小愛剛開始確診、踏上治療之路時，其實我很不喜歡被別人問起這樣的事情，一方面是我不希望小愛的情況被公開談論，她根本還沒好，我不知道這樣公開小愛的狀況，會不會讓小愛的未來受到二次傷害。

我怕我不在的時候，小愛又受傷，或是又發生什麼我無法預期的事件。

我之前說過，其實我對她很沒有安全感，比較長一段時間沒看到小愛，我就會渾身不對勁。不諱言，我認為這是小愛出生後發現聽損、歷經手術復健後的「創傷症候群」。

例如，過去有幾次經驗是，下午我在基隆忙到一個段落，晚上到台北市松山車站附近辦公，再晚一些在中山區有聚餐，我仍硬是要從松山車站繞回家裡，摸摸小愛的頭、在睡前說兩句話，跟她「報告行程」，說明「爸爸晚上有事要忙，等等還要出門一趟，但是放心，晚上會回來跟妳一起睡覺喔！」才又轉身出門。

其實對小愛來說，說不定她並不需要爸爸出現的這五分鐘，她還是可以在家裡玩得很開心、然後安心睡去；但是對我而言，這五分鐘異常珍貴，就像是我在外匆忙一日精力耗盡後，回家看看女兒充個電，才又有力氣繼續努力。

其次，或許我也還沒有準備好。

如果你問我要準備什麼？我想是心底的那份虧欠還沒有做到足夠

的補償。我其實不太確定是否是因為，我從心底覺得小愛耳疾是我犯下的錯所造成的？是不是我沒有保護好她，所以才讓她受傷？我常想，對我們這樣的尋常人來說，人生都已經這麼艱難，我還在小愛的生命裡擺上幾顆大石頭，心中實在有萬般歉疚難以訴說。

這或許也是對我決策判斷的一個挑戰，也讓我在這兩年內，個性大幅改變的關鍵原因。

在政壇裡，任何事情都是被放大檢視的。是個性也是環境，造就我習慣規避困難跟風險，過去只要有可能失敗的事，我就不做，過去所做的任何決策標準皆來自於「投報率」、「KPI」、「CP值」、「勝率」。你可以說我很取巧，因為我在意結果的成敗遠超過於結果本身，但也正是因為如此，重要或危險的錯誤我沒有做過，所以我在政壇上幾乎沒有什麼敵人，這是另一種好處。

但是現在不是如此了，因為小愛，我做決定的方式與過去完全不同，過去我看「成敗」，現在我看「對錯」，只要是對的，我就會去做。我希望未來的自己能讓小愛有光榮感，如果因為我做得好、做正確的事情，而隨之產生的榮耀或感謝，又能全數返照在她身上，讓她的未來有更多人疼愛，那我將會更充滿感激。

我常這樣想自己，假設我是一艘船，從前如果天候稍有不佳，我就會想盡辦法不出航，讓自己永遠安全；現在的我，則是挺過驚濤駭浪的深夜，同行的船若早已翻覆，而我卻平安存活，那麼我就是在翌日清晨、伴著旭日在浪起浪落間，隨意擺盪的一葉輕舟。

這讓我想起自己的父親。我小時候很常看著爸爸忙進忙出的背影，即便我沒人陪、爸媽也常常不在身邊，我自己玩遊戲可以很好玩、自己跟自己吵架也可以很好玩。

其實你說我是不是個很能自得其樂的孩子？我想或許是，但那不一定是我特別會找樂子，反而是因為我從小就知道父母在外面有更重要的事要做，所以我得照顧好自己，別讓他們擔心。

心裡有這樣的預設，就知道該怎麼照顧自己。再大一些，有時同學朋友講起我的父母，話裡總會帶有感謝或是讚賞，聽到時我心裡不免升起一股榮譽感，那時我更深刻體會，父母的忙碌是為了對這個社會帶來更多正面影響，他們正在為更多的人付出。

他們不在家，我不會感到寂寞，反而更加深自己對他們的尊敬。說起來很像教科書，但是這真的是我的心聲。爸爸經商從政多年，深知他不汲汲營營尋求權力，在外奔走都是為了基隆人。童年時期有個我跟爸爸的回憶，令我印象深刻，到現在對我而言或許都是很重要的啟發。

▶ 我希望未來的自己能讓小愛有光榮感。

那次爸爸認識的朋友家隔壁失火，就在我們家附近，收到消息後他立刻到現場關心，小孩子嘛，對什麼事情都充滿好奇，我便趁他不注意，跟著他後面一起到現場看看。

我們到現場後，發現火勢已經撲滅，爸爸向朋友、受災戶表示慰問，在現場籌劃著接續處理事宜，停留一段時間後我們便準備返家。

基隆不大，那又是幾十年前的事，一場火災讓鄰居們在街頭徹夜關心都是尋常，他牽著我們準備回家的路上，見到的每個街坊民眾，爸爸都可以跟他們聊上兩句，每個人他都詳細的說明火災的情況，請大家不用擔心，短短三、五百公尺，不過七、八個街廓的距離，我們走了好久才到家。

小時候的我根本還不知道什麼叫做「民意代表」，更遑論議會運作、政治選舉之類的事了。只覺得爸爸怎麼每個人都認識啊?夜深了,就這麼一小段路,他卻好有耐心的與所有遇見的人噓寒問暖,而每個人都對他道謝,爸爸是不是真的幫助了好多好多人呢?

我對那晚記憶猶新,從此之後對「爸爸不在家」更習慣了,我知道他去做更重要的事情,爸爸在外的努力,在我身上兌現的不是寂寞,而是榮譽,我以有這樣的父親為榮。

或許父親的形象投射在我的心理,讓我也希望有一日在小愛眼裡,能成為一個讓他有榮譽感的父親。

這個念頭隨著她長大愈來愈鮮明,另一方面,我也有著私心,人們在成長過程中的考驗太多了,何況是她這樣的孩子?

▶　當她逐漸能因為我叫她的名字而有笑容、反應時，我的心變得更加平靜。

如果我能做得愈多、愈好，在社會上帶來更多正面影響，我的孩子是否能夠得到更多的祝福？社會可以給予她更多寬容？如果可以，我願意傾力去做。

在陪伴小愛的過程裡有太多潮起潮落，當她逐漸能因為我叫她的名字而有笑容、反應時，我的心變得更加平靜，隨遇而安。

謝謝小愛的到來。

第6章

# 人生還是得繼續

我說未來自己只剩下「小愛爸爸」一個身分，不是開玩笑的。我設想未來的「小愛爸爸」，將不只是謝媛詩的爸爸，他同時也代表著身心障礙孩童的爸爸，他可以為孩子、為父母做得更多。

—— 謝國樑

在人生下半場，基督徒有句話是「因信稱義」，你必須相信這個信念：事情就是會一直好下去。我秉持這樣的信念活著。

—— 詹斯敦

# 兩個爸爸的人生對談

## ——關於孩子、心境，還有未來

席捲兩個家庭的風暴看似已經完結，但是其實孩子的成長才剛開始。衛斯理、小愛開始上學，面對更多的人、更多的挑戰，爸爸們也不例外。未來該怎麼走、還有什麼挑戰，從成長環境、教育、期許到陪伴，爸爸們毫不保留，一一分享自己的心境與思考。

### 對孩子最大的期許，就是快樂

**謝國樑：**

到目前為止，我們認為小愛的觀察力、記憶力與表達能力都很好，

▶ 衛斯理與小愛將迎接愈來愈多的挑戰。

一向都受到老師們的稱讚。她也逐漸展現自己對事物的判斷力，就像最近她「正式」向我們表明，她會好好在家裡上課，以換取不上幼稚園的機會。

我從小就讓她有選擇權，例如，她同時想要吃餅乾、也想喝奶茶，但我會告訴她，兩者加起來糖分太高，建議她只選一項，選中後就不能再改。

我不給她壓力，也不幫她做決定。所以她可以在自己的衡量之下，選擇想要的，在這個過程中她也知道很多事情不能全拿，有獲得勢必也得付出。

我相信這樣的教育可以讓孩子有獨立思考的能力。

▶ 小愛的觀察力、記憶力與表達能力都很好。

▶　未來，我想陪著她到國外留學，看看不同的世界。

在我還沒有生小孩之前，我對孩子確實有很多期許，但是現在最大最大的心願與志向，就是把小愛帶好，過得快樂，這是她生命裡最重要的事情。她快樂，我的下半輩子也才有意義。

即便小愛所表達出來的行為，確實會讓我覺得她是個不一樣的孩子，但我也不想要再加諸任何壓力或期許在她身上，我會盡己之力，讓她盡力展現才華，至於未來如何、要怎麼發展，我樂觀其成，因為我相信她不會讓自己平凡的過完一生。

我自己認為在國外的文化環境裡，不同背景、條件的孩子被包容與接納的程度更高，所以如果有機會，我也想在工作告一個階段後，陪著她到國外留學，看看不同的世界。

▶　希望衛斯理未來能讓世界變得更好。

詹斯敦：

我可能會比較積極一點，衛斯理太喜歡火箭或機器人了，他甚至會在家裡研究掃地機器人的路線，幫它取名叫「小勤」，學習小勤掃地公轉、自轉的模樣；也喜歡 space X 的獵鷹號，老吵著要看火箭升空。

我自己有很多想像，由於我是喬治亞理工學院國際事務部的亞太區執行總裁，我現在會特別刻意去研究或了解生物醫學的應用，希望未來能夠讓衛斯理有多一點機會接觸類似的領域或研究。或是帶他到電子耳品牌的現場，看看電子耳是怎麼做的、還有什麼可以發展的空間。

很少人知道電子耳是手工製作的，到時說不定還能與為衛斯理打造電子耳的工程師認識，讓他知道這一切得來不易，未來也需要有更多人的投入，也需要你衛斯理的貢獻，讓世界變得更好。

謝國樑：

其實現在可以談孩子未來怎麼發展、做些什麼事情都是幸福的，三年前的我根本不敢這麼想，甚至連帶小愛出門都怕她受傷。

記得有一次我們帶小愛到外面的遊樂園，戴著電子耳的她探索著每個遊樂設施，她的五感沒有因為聽覺減損而喪失一分一毫，她的好奇心跟一般的孩子一樣並無差別。

但是有個跟她一樣大的孩童卻對電子耳好奇、周遭的家長也壓不住探詢的眼光。或許他們沒有惡意，但我卻感到不自在。「到底要怎麼做，她才能像一般的孩子，不受注目、毫無顧忌地享受遊樂園裡的球池或溜滑梯呢？」

孩子被關注的同時，我似乎也被貼上了不正常的標籤，我只能說自己有時候也感到羞愧且有包袱，我知道這不應該，但是初期的自己仍舊迴避不了這樣的心魔。

因為這個起心動念，我在基隆打造了一個「小愛公益遊樂園」，不用任何費用、歡迎所有孩子來玩，需要被照顧的孩子在這裡會很安全，需要被善意關懷的家長在這裡不用擔心任何眼光。

這只是一小步而已，我說未來自己只剩下「小愛爸爸」一個身分，不是開玩笑的。我設想未來的「小愛爸爸」，將不只是謝媛詩的爸爸，他同時也代表著身心障礙孩童的爸爸，他可以為更多孩子、父母做得更多。

作為一個過來人，在這個群體裡，我希望自己可以成為那些需要

▶　歡迎所有小朋友來玩，尤其是一些特殊的孩子們，需要被照顧的小朋友在這裡會很安全。

支持的父母，可以依靠、諮詢的對象。

就像詹斯敦幫助謝國樑一樣，小愛爸爸代表的是「我懂你的困難」、「你現在面臨的難關，我也曾經差一點撐不過去」，正因為我經歷過，所以我敢說自己可以同理。

最後，我也希望能在基隆市，以及其他更多的地方，打造一個充滿「愛」的環境，所有的民眾及店家看到這些天使們，都會張開雙臂真誠的歡迎他們。小愛是上天派來我們家的一個小天使，正如同這些小朋友們也都是他們家的小天使。我想打造一個「天使友善」的城市，讓這些天使們可以感受到大家對他們的愛。

詹斯敦：

最近教會牧師轉介了一個朋友給我們，他叫威凱，也同樣是個孩子有聽力問題的「聽聽爸爸」。

威凱剛開始跟我聊天的時候，其實感受得到他已經走到相對平靜的階段，或許是因為他是基督徒的弟兄，所以心裡有平安。我們可以幫助他的，多數集中在提供醫療資源、建議，以及適時地成為他的心理支持。

陪著他去看醫生、聽診斷，然後討論未來該怎麼走，在這條路上，我愈來愈懂得「幫助人，能讓自己愈快樂」的心情，尤其像我們這樣的族群，資源、交流是比較缺乏的。

謝國樑：

接續斯敦的說法，在我的觀點來說，「身心障礙兒童的爸爸」這個族群是相對特殊且小眾的，有時也不是相同處境的媽媽可以理解的。父與母的焦慮不太一樣，父親通常都是要為孩子做最後決策或規劃的，開不開刀、在哪裡開刀、用什麼廠牌的電子耳等等，任何一個決定，都有可能會影響孩子一生。

孩子什麼時候會痛、痛什麼時候會結束，他的語言能力會進步到什麼程度、你要多努力或多期待，這些都是醫療或教育機構沒辦法給予建議的部分。未來我們在幫助更多小朋友或家長的時候，就可以用自身的經驗給予建議，至少讓他們別走我們走過卻不通的路；至少讓他們有機會可以比我們更快樂、更平順一點。

詹斯敦：

面對孩子確診的心情，除了要克服未來會天翻地覆的生活問題，更大的障礙在於「心態」。

過去因為生長背景關係，我從小講中文就有腔調，但沒人說過我什麼。可能衛斯理是男生，我想得比較單純一點，如果有天他講話也一樣有腔調，我會告訴他這是個人特色，他也可以向別人這樣介紹自己。無論是腔調或電子耳都是如此，這條路走不通，你還有另一條路可以走。

我讀紐約大學的時候，有個好朋友住在城郊，我常開車去找他，

▶　山不轉路轉，我可以是帶領百人團隊的創業家，也可以是幫助更多人走出困境，活出新人生的領導力教練。

通常車還沒到門口，就聽得到他宿舍裡頭傳來震耳欲聾的音樂聲，我說他好像住在夜店裡面，他笑著回我，其他室友都是全聾人士，音樂就是得放這麼大聲。聽到這個回答，當時我忍不住笑了出來，沒想到若干年後，我變成他們的一份子，當然懂了當時他們將音量開到最大的心境。

當我知道自己過去其實也曾經站在不理解的那一方，就比較能體會他人對孩子、對我們有不恰當的反應。

但是從「體會」到「親身體驗」是完全不一樣的心情。如同前述，我自己也有逃避的心路歷程，後來真的也是借助珍妮跟神的開導，才讓我調整心態，勇於面對接下來的一切安排與遭遇。

所以現在跟陌生人聊天、跟像威凱一樣的「聽聽」爸爸聊天，我都會告訴他們，一定要先調整好自己，不管孩子今天發生什麼事、出什麼狀況，他就是我的孩子，這個事實不會改變、你們之間的關係也不會變。他就是上帝給我的禮物，我對他的愛毋庸置疑。

再者是，盡量跟身邊的人多聊、多講你的心情，否則你真的會悶出病來。我當初仰賴的是信仰、家人，還有珍妮與詹姆斯一家，但是如果有跟你情況類似的家長可以交流，我想會更好。

**謝國樑：**

我補充一下，聊天的對象其實也要選擇的，不是每個人的陪伴都會發揮作用，有些甚至會讓你更有壓力。

我的個性比較會把不好的事情、壓力放在心底，當初要不是遇到詹斯敦，我的心病會更嚴重，他在當時絕對是我最強大的依賴對象，我的父母、另一半都給不了這樣的幫助。你很難寄望父母幫得了你，他們還擔心我想不開，這個心情又變成我另外一個壓力，甚至還得反過來安撫他們情緒。

所以我的體會是，「你需要對的陪伴」，去找那些可以跟你感同身受的朋友說、找情況類似的家長說，甚或不然你可以來找我們，我們絕對會非常樂意給予能夠提供的幫助，我是說真的。

## 將人生最大的低潮與轉折，活成新的人生下半場

**詹斯敦：**

在走過孩子確診、治療，與妻子分開這些路之後，我可以預期自

己的人生下半場，是要幫助更多同樣的父親走出來，無論是個人情感、自信、關係等等。

謝國樑面對我時，總是不介意把最弱的那一面展示出來，我知道那對男性來說有多難。所以他總是告訴我，我對他來說，是很重要的存在、給予他很大的幫助。在我愈來愈認識他之後，才知道他跟我說的這些話，份量有多重。

我之前長年都在海外生活，其實對於台灣的政治、社會不那麼了解，所以當初我認識的謝國樑，只是「朋友的朋友」，而非「前立委」、「華聯董事長」這種身分。

後來才發現，原來我影響了一個這麼具有社會影響力的對象，我居然有可以幫得上他忙的地方，也是因為這樣的交集，讓我們有更多

▶　事情就是會一直好下去——我秉持這樣的信念活著。

機會、意願去幫助更多的人，形成一個正循環。

對於可以幫助到他人，我心理的滿足與快樂前所未有，在這樣的前提下，我決定要擴大這樣的影響力與能力。

九月中開始，我組織了一個讀書會，裡頭全是在婚姻、人生、工作等等領域觸礁的男性，我稱之為「超男」俱樂部，主要是我希望可以透過這個聚會，讓他們重新建立信心。幾次聚會下來，我發現每個男性都有一樣的遭遇，把苦楚往心裡吞、不知道找誰傾吐，社會環境對男性的期待都太高了，我們其實有時也會承受不起。

所以在讀書會裡，他們有一個完全自由的空間可以說出心裡話，我們不一定可以即時給出最有用的意見，但可以當他們最好的聽眾，傾聽他們不敢告訴別人的心聲，成為解放壓力的安全網。

接下來，我也會將過去對我有效的工作方法與生活規劃，設計得更好、更實用，與這群朋友分享，陪著大家一起走出困境，活出新的人生。

「一個友善的招呼可能會改變你我的生命」，這是謝國樑提醒我的，在人生下半場，基督徒有句話是「因信稱義」，你必須相信有這個信念：事情就是會一直好下去——我秉持這樣的信念活著。

**謝國樑：**

斯敦的開放、善良是很少見的，他的熱情幫助了我，現在看來，他可以運用他天生的特質去幫助更多的人，有這樣的朋友在生命裡，走過艱難的路時不會顯得自己太孤獨。所以我一直很鼓勵他要放大這個能量，去幫助更多的人，讓好事一直延續下去。

▶ 「玻璃心」，如今修練成「鋼鐵心」。

如果近距離跟我們兩人接觸，會發現我們的氣質已經變得不太一樣了。經歷過類似的事情，讓斯敦的人生轉向，但他一樣有幹勁、有目標；而我已經沒有以前那麼躍躍欲試、蓄勢待發了。我認知到自己下半場的角色就是「小愛爸爸」，最大的目標就是「陪小愛長大」，最快樂的事情會是「小愛活得快樂」。我就這樣圍繞著她的一切，把我的下半輩子走完。

斯敦躍動、我沉澱，兩者都像是歸零後重新出發，只是走向不同的方向。沒有誰好誰壞，彼此都很滿意現在的狀態。走過這場名為「孩子確診為聽力障礙」的風暴，都讓我們心底生出力量。

過去講到孩子，一碰就碎的「玻璃心」，如今修練成「鋼鐵心」，枯樹走過幾個寒暑，讓眼淚都化成茁壯的養分，謝謝這場人生意外的旅程，謝謝小愛、謝謝衛斯理的到來，他們永遠是最珍貴的禮物。

# 附　錄

一旦發現孩子有聽損的症狀時，建議盡早透過下列資源定期追蹤，找到適合的早療服務幫助聽損兒及早接受聽語治療，並請把握○到六歲的溝通和語言發展關鍵期：

## 耳鼻喉科醫師

（有電子耳植入的經驗）

- 陳光超醫師，中國醫藥大學
- 吳振吉醫師，台大醫院
- 吳哲民、陳錦國醫師，林口長庚醫院
- 方德詠醫師，台北國泰醫院
- 李家鳳醫師，花蓮慈濟醫院
- 林永松醫師，奇美醫院
- 吳俊良醫師，成大醫院
- 黃仲鋒醫師，高雄長庚醫院
- 簡禎佑醫師，高雄醫學院

## 聽輔器材公司

- 美樂迪（代理 MED-EL 品牌電子耳）
- 科林助聽器（代理 Cochlear 品牌電子耳）
- 台灣建聲代理，AB（ADVANCED BIONICS）SONOVA，瑞士集團

## 聽損兒童早療機構

- 雅文兒童聽語文教基金會
- 婦聯聽障文教基金會
- 蒲公英聽語協會
- 中華民國兒童慈善協會
- 聽損兒家庭關懷園地
- 聽障人協會

## 聽損兒童品格教育發展機構

- 美國 LMI 兒童品格教育發展中心
  LMItaiwanmoc@gmail.com

## 聽損兒童體育教練

- 徐老師，游泳教練
  0935-204-002

## 作者聯繫方式

- 小愛爸爸
  FB：George Hsieh
  IG： ghsieh1005
  Email：ghsieh1005@gmail.com

- 衛斯理爸爸
  FB: Shelton Chan
  IG: Shelton.SCM
  Email: Shelton.chan@gmail.com

生命講堂

# 千分之三的意義：兩位聽損兒爸爸一起攜手走過的成長路程

2020年12月初版　　定價：新臺幣380元



著　　者　謝國樑
　　　　　詹斯敦
撰　　文　陳書榕
叢書主編　林芳瑜
內文排版　林采瑤
封面設計　黃威凱

出版者　聯經出版事業股份有限公司
地址　新北市汐止區大同路一段369號1樓
叢書主編電話　(02)86925588轉5318
台北聯經書房　台北市新生南路三段94號
電話　(02)23620308
台中分公司　台中市北區崇德路一段198號
暨門市電話　(04)22312023
台中電子信箱　e-mail：linking2@ms42.hinet.net
郵政劃撥帳戶第0100559-3號
郵撥電話　(02)23620308
印刷者　文聯彩色製版有限公司
總經銷　聯合發行股份有限公司
發行所　新北市新店區寶橋路235巷6弄6號2樓
電話　(02)29178022

副總編輯　陳逸華
總編輯　涂豐恩
總經理　陳芝宇
社長　羅國俊
發行人　林載爵

行政院新聞局出版事業登記證局版臺業字第0130號

本書如有缺頁，破損，倒裝請寄回台北聯經書房更換。　ISBN 978-957-08-5664-4 (平裝)
聯經網址：www.linkingbooks.com.tw
電子信箱：linking@udngroup.com

國家圖書館出版品預行編目資料

千分之三的意義：兩位聽損兒爸爸一起攜手走過的成長路程/謝國樑、詹斯敦著．初版．新北市．聯經．2020年12月．240面．14.8×21公分（生命講堂）
ISBN 978-957-08-5664-4（平裝）

1.聽障教育　2.親職教育　3.通俗作品

529.67　　109019047